KB206519

내 생의 가장 아름다운 완성

나이 듦과 웰에이징에 관한 9인 교수들의 행복 예찬

내 생의 가장 아름다운 완성

나이 듦과 웰에이징에 관한 9인 교수들의 행복 예찬

공저

최신한 김진식 공병혜
김수배 이관표 김선희
안종수 김경미 이기호

서문

인간의 생은 유한하다. 노년에 접어들어 삶을 돌아볼 때까지 이를 심각하게 생각하는 사람은 드물다. 성장기나 청년기에는 미래를 준비해야 한다는 안팎의 요구를 당연하게 생각한다. 청년의 치열한 고민과 노력을 뒤로하고 장년이 되면 사람들은 본연의 모습을 잊고 일에 몰두하며 그 성취에 탐닉한다. 그러나 현직에서 물러나고 노년을 맞으면 사람들은 누구나 생의 유한함을 절실하게 느끼며 남아있는 삶에 대해 생각하기 마련이다. 자연은 노년의 인간을 철학적 사유로 인도한다.

존재 일반과 인간의 제반 문제를 다루는 철학에는 시대 변화와 무관하게 노년에 대한 다양한 성찰이 들어있다. 초고령

사회로 접어들면서 이전보다 노년에 대한 담론이 많아지고 새롭게 제안된 정책도 적지 않다. 이 책은 노년에 대한 변화된 여건 속에서 세상에 나오게 되었다. 인문 단체 *Studia Humanitatis* 제8광장(2024. 9~11)은 '나이 듦과 웰에이징'을 주제로 시민 인문 강좌를 개최했다. 강연 원고를 묶은 이 책은 시민들의 호응에서 출발했다. 7개의 강연과 더불어 노년에 대한 철학적 성찰을 담은 2편의 글을 추가함으로써 '노년 담론'의 폭을 넓히고자 했다.

이 책에 수록한 총 9편의 내용은 다음과 같다.

노년은 생의 아름다운 완성이다. 노년은 젊음의 미모와 성취에만 주목하는 사회로부터 소외감을 느끼게 되지만 긴 생애를 통해 터득한 성숙한 지혜를 갖고 있다. 소외와 성숙은 노년을 감싸고 있는 두 겹의 외피이다. 생을 아름답게 완성하려면 노년의 현재를 즐거움으로 채울 수 있어야 한다. 화려했던 과거에의 그리움과 불안하게 다가오는 미래는 현재의 즐거움 속에서 극복된다.

키케로의 《노년론》에서는 노년을 칭송한다. 노년은 죽음 앞의 비극적 절망이 아니라 축복이다. 이것은 장년까지의 삶에 감추어진 압박과 욕망의 덫에서 벗어나는 자유와 해방이다. 노년의 원숙함은 육체보다 영혼에 집중하며 욕망의 시샘보다 자연을 관조하는 데 있다. 육체의 욕망에서 벗어나고 명예와 재산과 권력 추구에서 해방된 노년은 진정으로 자유롭다.

자기 돌봄은 인간이 수행해야 할 근본 관계이다. 노년의 자기 돌봄은 몸의 능력을 보존하고 가능한 사회적 역할을 통해 자기 존재를 유지하는 데 있다. 자기돌봄에서는 머리의 기억보다 몸의 기억과 몸 습관이 중요하다. 주변 세계에 열려있는 몸의 지향성과 몸 습관을 유지하게 해주는 돌봄은 개인의 정체성을 가능하게 하는 노인 돌봄의 기본이다. 이러한 돌봄은 생각의 기억을 빼앗겼을지라도 몸의 기억을 간직하는 치매 환자에게 특히 중요하다.

현대 사회에서 의학적 관점이나 인구학적 관점에서 노년을 바라보는 것은 노년의 정체성을 훼손한다. 여기서는 노화 과정의 통제에만 집중하기 때문이다. 노년의 정체성은 의학이 추구하는 안티-에이징을 넘어서 진정한 자기 인식에서 찾아져야 한다. 이것은 전통적 관습에 매달리지 않고 인간의 근본적 결함을 겸손하게 인정하며 다른 세대를 인식할 때 이루어질 수 있다.

노화로 인해 나약해지고 죽음을 앞두고 있다는 의식은 노년의 정체성을 근본적으로 위협한다. 노년을 감싸고 있는 것은 이러한 부정적 감정이다. 여기서 제안하는 노년의 정체성은 부정성을 극단화하여 이를 뚫고 나가는 데 있다. 노년이라는 자기 상실을 극단화할 때 부정적 감정을 이겨내면서 진정한 자기가 되며 이를 통해 새로운 존재로 변모할 수 있다.

웰에이징은 나의 가치를 찾아가는 시간이다. 가치관 사고실험과 영원회귀 사고실험을 통해 노년은 자아의 진정한 모습을 성찰할 수 있으며, 죽음의 명상을 통해 좋은 삶을 생각할 수 있다. 훌륭하게 나이 듦이란 물리적 시간에 내맡기는 삶이 아니라 자신의 가치와 의미를 찾아가는 활동이다. 자신에게 진정으로 가치 있는 일을 수행하고 정직하게 생각하는 것이 웰에이징의 근간이다.

선비들의 웰에이징은 시대를 거슬러 올라가 확인할 수 있는 유학자의 지혜이다. 선비는 하루의 시간을 엄격하게 지킨 자기 통제의 대가였다. 이러한 면모는 독서, 서예, 시조창, 악기연주, 꽃놀이, 명상 등을 통해 구체적으로 실행되었다. 소수의 선비에게만 허용되었던 나이 듦의 지혜는 오늘을 사는 노인에게도 유의미할 수 있다.

미술로 본 노년은 고대에서 현대에 이르기까지의 수많은 미술작품을 통해 나이 듦과 웰에이징을 분석한다. 로마 시대의 초상조각은 사실적인 개인을 기록했으며, 중세의 미술은 죽음의 보편성과 인간 존재의 유한성을 묘사했다. 그리고 17세기 네덜란드의 정물화는 삶의 풍요와 무상함을, 19세기의 낭만주의 풍경화는 노년의 알레고리를 다뤘다. 시간성과 자기기록에 집착한 현대의 미술가들은 나이 듦과 인간 존재의 유한성을 고유하게 고민하고 작품화했다. 미술사는 철학사와 병행하는 삶의 성찰을 잘 보여준다.

노장(老莊)사상은 삶에서 죽음에 이르는 변화를 도(道)를 통해 설명하며 죽음을 바라보는 삶의 지혜를 '현해(懸解)'로 규정한다. 이 경지는 삶과 죽음이 하나임을 깨달아 자연에 순응하여 사는 삶을 가리킨다. 도를 따르면 늙어감과 죽음에서 나오는 불안과 슬픔으로부터 해방될 수 있다. 죽음이 고통스럽고 두렵고 슬픈 일이라고 생각하는 것은 집을 나왔다가 돌아갈 줄 모르는 어리석음과 같다.

비물질적 가치의 확산을 바라는 일념으로 강연회를 후원해 준 ㈜ACT의 백승기 대표에게 감사의 빚을 지고 있다. 노년의 사유가 절실하게 요구되는 현실의 변화에 주목하고 '노년 기획' 속에 이 책을 포함시켜 준 사유와공감에 깊은 감사를 표한다. 이 책이 노인의학과 사회보장에만 의존하는 노년의 삶에 또 다른 자극제가 되기를 희망한다.

2025년 3월

스투디아 후마니타티스 대표 최신한

Contents

제4장. 노년의 정체성 - 김수배

제5장. 노년, 부정적 감정 이겨내기 - 이관표

제6장. 웰에이징, 나의 가치를 찾아가는 시간 - 김선희

Contents

제7장. 선비들의 웰에이징 _ 안종수

제8장. 미술로 본 노년, 시간성과 자기기록 _ 김경미

제9장. 노장(老莊), 죽음을 바라보는 삶의 지혜 _ 이기호

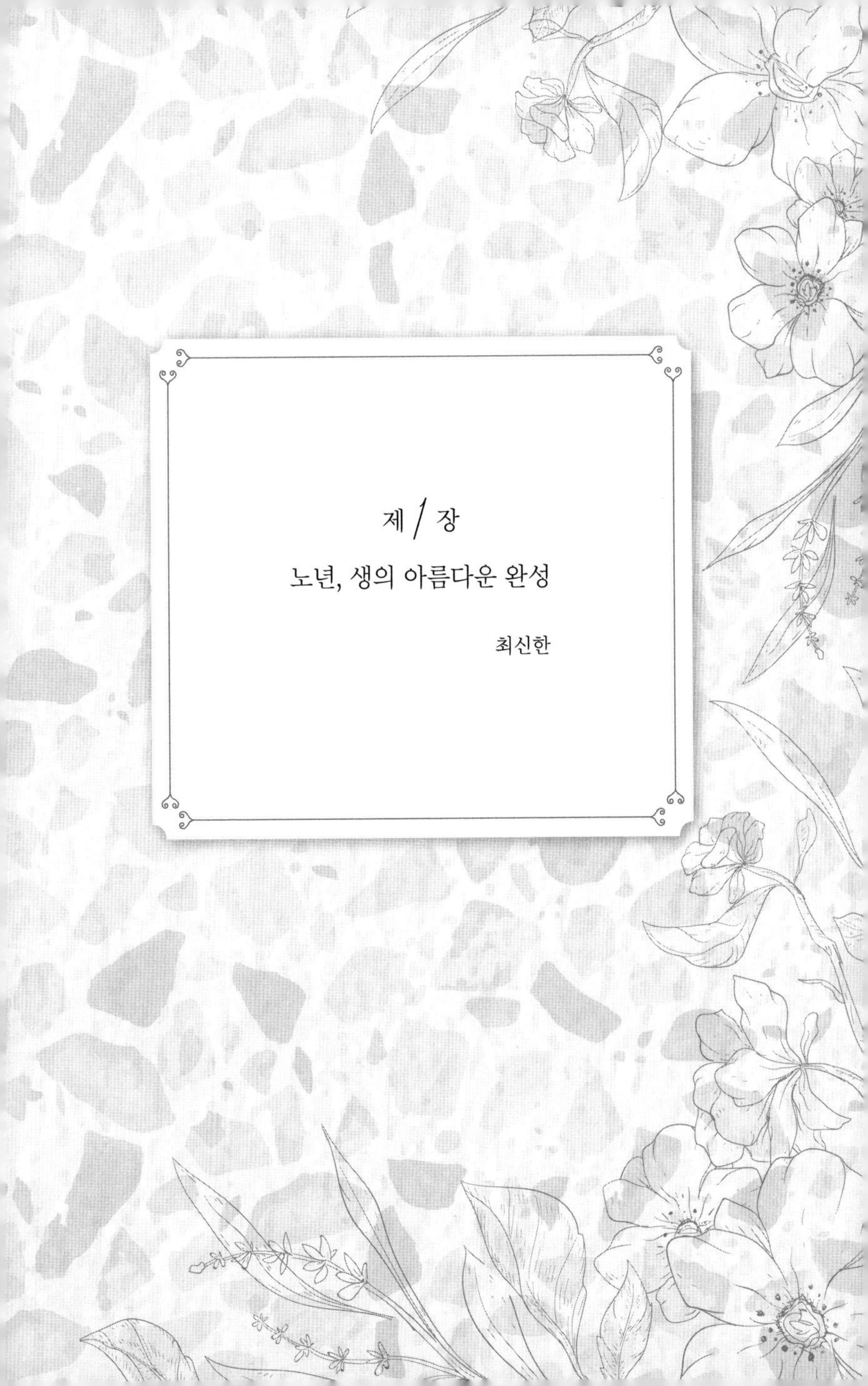

제 1 장

노년, 생의 아름다운 완성

최신한

노년과 늙어감에 대한 이야기가 넘쳐난다. 수명이 길어지고 노년 인구가 급속히 늘어나면서 많은 사람이 늙어감이 무엇인지, 그리고 노년을 어떻게 보내는 것이 바람직한지 묻고 있다. 이러한 물음은 수명이 늘어난 이 시대에 처음으로 제기된 것이 아니다. 태어남과 죽음에 대한 물음은 삶에 대한 근본 물음이므로 인류의 삶이 시작된 이래 끊임없이 제기되어왔다. 그러므로 노년에 대한 궁금증은 죽음을 피할 수 없는 인간에게 보편적인 물음인 동시에 변화된 시대가 가져온 새로운 물음이기도 하다.

아리스토텔레스는《수사학》에서 생의 다양한 시기가 갖는 특징을 이야기하고 있다.[1] 청년과 노년의 긍정적 측면과 부정적 측면을 설명한 뒤 양자의 장점을 모두 갖추고 있는 때를 장년으로 규정한다. 아리스토텔레스가 본 장년은 육체적으로 30세에서 35세 사이이며, 정신적으로는 49세쯤이다. 오

1) 아리스토텔레스 저, 천병희 옮김,《수사학/시학》, 숲, 2017, 172~178.

늘날의 장년은 60세까지 확대해도 될 것이다. 청년은 강한 욕구를 가지고 충동적으로 행동하며, 돈보다 명예와 승리를 지향한다. 실패의 경험이 적으므로 매사에 낙관적이며 희망적이다. 일에 열정적으로 임하며 결단이 필요할 때 주저하지 않고 용감하게 행동한다. 자신에게 유리한 일만 좇지 않으며 유익한 행위보다 고상한 행위를 선호한다.

노년은 청년과 상반된 특징을 갖고 있다. 노년은 자신감과 활력이 부족하므로 우유부단하고, 당면한 일에 대해 확실하게 말하지 않는다. 나이가 들수록 심술이 많아지고 매사에 의심이 많을 뿐 아니라 늘 의기소침하고 남에게 인색하다. 청년과 비교해 보면 노년은 겁이 많고 차가우며 심지어 좀스러운 모습도 보인다. 고상한 행동보다 비겁한 행동을 많이 하며 매사에 유불리를 계산하고, 미래의 희망보다 과거의 화려했던 행적에 대해 수다 떨기를 좋아한다. 장년은 청년과 노년의 장점을 나누어 가지고 있다. 청년은 용감하나 절제가 없고 노년은 절제가 있으나 비겁하다면, 장년은 용감과 절제를 함께 가지고 있다. 장년은 중용의 덕을 소유한 연령대이다. 단테에 의하면 인생은 땅에서 시작해 하늘로 올라가다가 (장년의) 하늘에서 정점을 찍고 내려오는 곡선과 같다.

노화는 우리에게서 재주를 빼앗아 가고 우리 몸에서 힘을 빼앗아 간다. 노년의 삶은 온갖 형태의 즐거움을 빼앗기면서 죽음을 향해 나아간다. 그렇지만 노년이 갖는 장점도 분명히 있다. 무엇보다 정신의 내공이 쌓여 지혜로움을 발휘할 수 있다. 세간의 평가를 신경 쓰지 않기 때문에 이전보다 더 큰 자유를 누리며 삶의 우선순위를 확실하게 정할 수 있다. 이러한 자유는 일상의 기쁨과 자기만족으로 이어진다.

필자는 나이 듦을 생의 아름다운 완성으로 설명해 보려고 한다. 삶은 태도에 따라 긍정적인 면이 훨씬 많다고 생각한다. 우선 노년에 경험하는 소외가 어디에서 나오는지를 살펴본 후 소외를 관통하여 성숙으로 나아가는 길을 제시한다. 성숙한 노년이야말로 생의 진정한 의미와 자유를 맛볼 수 있는 때이다. 서술의 토대를 철학에 두고 있으나 육체의 노화가 의식에 미치는 영향을 간과할 수 없으므로 최근에 주목받는 노인(의)학의 관점도 적극적으로 반영할 것이다.

1. 노년의 소외

1) 존재론적 소외

노년에 접어들어 가장 크게 다가오는 느낌은 소외감이다. 노년의 소외는 사회적 관계가 줄어드는 데서 시작되는 것 같지만 실제로는 노인 특유의 시간 의식에 기인한다. 탄생의 시간과 죽음의 시간은 현상계의 생명체가 피할 수 없는 생성과 소멸의 운명이다. 인간은 '죽음을 향해가는 존재'(하이데거)로서 항상 죽음의 불안과 함께 살아간다. 노년에 죽음의 불안이 커지는 이유는 다른 연령대에 비해 삶의 시간을 더욱 또렷하게 의식하기 때문이다. "노인은 전적으로 시간을 살아가는 존재이자 시간의 소유자이며 시간을 인식하는 사람이다."[2] 노인의 시간 의식은 삶의 종결에 대한 불안한 마음이다. 시간 의식에 기인하는 죽음에 대한 불안은 소외감으로 나타나며 이는 불안의 정도와 비례한다. 존재론적 소외는 인간이라면 누구나 겪는 보편적 현상이다.

현재의 삶에서 소외된 노인은 추억으로 산다. 노년의 시간은 지금이 아니라 과거의 지금이므로 추억에 젖은 노인은 과거 종속적이다. 매일 과거의 추억으로만 산다면 현재의 삶을 지배하는 것은 과거일 뿐이며 그런 사람에게는 미래가 존재하지 않는다. 노년의 시간적 소외는 과거로 채워진 현재와 과거의 지배를 받는 미래에서 분명하게 드러난다. 노인의 소외는 존재론적 소외가 첨예화된 자기 소외이다. 자기 소외는 현재를 반성하는 대신 현재를 온통 자신의 과거로만 채우는 소외 과정이다. 자기 소외에 빠진 노인은 내적 생의 느낌과

2) 장 아메리 저, 김희상 옮김, 《늙어감에 대하여》, 돌베개, 2017(5쇄), 39.

외적 현상의 불일치를 절감한다. 스스로 젊다고 생각하고 행동하나 삶의 현장에서는 노골적으로 노인 취급당하는 경험을 많이 한다.

현상학적 시간 이론에 의하면 "과거는 즉자(卽自, ansich, in-itself)인 반면 현재는 대자(對自, fürsich, for-itself)이다."[3] 대자는 자신이 시간 속에 있음을 의식한다. 이에 반해 자신에 대한 의식과 반성이 없는 즉자는 현재의 시간과 무관하며 자신이 살아있다는 사실조차 의식하지 못한다. 현재 살아있다 하더라도 반성 없는 자아는 죽음과 같은 즉자로 변한다. 그러나 죽음을 의식하는 자아는 생기 없는 즉자를 대자로 만들며 새로운 생명을 누리게 한다. 자아의 변화는 자아와의 관계에서 비롯된다. 그러므로 노인에게 중요한 것은 항상 현재를 의식하며 그 속에 의미를 채우는 일이다. 그렇지 않으면 몸은 현재에 있으나 생각은 자신도 모르게 과거로 넘어가 있다.

2) 문화적 소외

오늘날의 노인에게는 존재론적 소외에 더해 문화적 소외가 덧붙여진다. 직접적인 이유는 제4차 산업혁명의 시대에 등장한 새로운 기술과 기표 때문이다. 노인은 새로운 기술을

---

3) J. P. Sartre, *Sein und Nichts*, Reinbek bei Hamburg: Rowohlt Verlag, 1987, 179.

이해하기 어려우며 이와 관련된 새로운 기표를 습득하기 어렵다. 스마트폰 사용이 일반적인 것이 되었으나 노인은 그때마다 바뀌는 새로운 앱을 사용하기 어렵다. 테이블 오더와 키오스크 사용이 대세가 된 세상에서 노인은 간단한 음식 주문도 할 수 없는 상황에 놓인다. 은행 창구 숫자는 줄어드는데 거동은 점점 더 불편해진다. 인터넷뱅킹으로 이 문제를 쉽게 해결할 수 있음에도 이를 사용하지 못하는 노인이 많다. 장애인, 저소득층, 농어민 등 디지털 취약계층 가운데 노인의 정보화 수준이 가장 낮다는 통계를 보면 문화적 소외의 상황이 얼마나 심각한지 알 수 있다. 문화적 소외를 극복하기 위해서는 새로운 기술과 기표를 적극적으로 습득하는 일 말고는 다른 방법이 없다. 비서를 두고 다니는 사람은 이 문제를 쉽게 해결할 것 같지만 그도 새로운 기술을 안다면 비서를 더 잘 활용할 수 있을 것이다. 새로운 기술과 기표의 습득은 과거에서 빠져나와 현재와 발을 맞추는 일이다.

3) 사회적 소외

노인은 사회적 소외를 겪는다. 인간의 행위는 개인만의 행위이면서 동시에 타자의 행위이기도 하다. 왜냐하면 개인의 행위 목적은 개인에게 국한되지 않고 타자의 목적과 연결되며 결과적으로 목적 전체를 구성하기 때문이다. 개인의 목적이 타자와 연결됨으로써 전체의 목적이 된다면 이것은 개인이 속한 사회의 목적과 다르지 않은 것이다. 그러므로 개인의 행위는 애당초 상호성을 띠고 있다. 그런데 노인은 이러한 상호성을 점차 상실함으로써 사회적으로 소외된다. 상호성의 점진적 상실은 급기야 상호성의 제약과 박탈로 이어진다. 이것은 노인의 행위와 목적에 관심을 가지는 사람이 점차 사라져 가는 현상의 다른 측면이다.

노년의 전문성과 지혜를 더 이상 받아들이지 않는 것은 사회 전체의 손실로 이어질 수 있다. 나이를 기준으로 현직에서 물러나게 하는 시스템은 능력 있는 사람을 활용하지 못하는 우를 범한다. 그러나 이러한 경향은 가속된다. 소위 현직을 중심으로 돌아가는 사회는 애당초 퇴직한 사람을 배제한다. 그래도 노인은 사회의 시선에 저항하며 자신의 품위를 지킬 필요가 있다. 무엇보다 밀어내려는 경향에 저항해야 한다. 이를 위해서 이전과 같이 타인을 만나면서 시간을 공유해야 한다. 소통을 넓히는 일이야말로 사회적 소외를 극복하는 첩경이다. 소통을 통해 자신의 시간과 구별되는 다양한 시간을 체험한다면 생은 단수에서 복수로 늘어난다. 이를 통해 홀로 있을 때와는 다른 소위 '동료적 다(多) 시간성'을 체험할 수 있다. 다양한 시간의 체험은 사회적 소외로 위축된 마음을 감싸안으며 새로운 차원의 삶을 개방한다.

2. 노년의 지혜로운 성숙

노인을 향해 제기되는 일반적인 비판이 있다. 노인은 일에 소극적이고 육체적으로 쇠약하며, 욕구가 줄어들고, 죽음을 앞두고 있다는 것이다. 키케로가 정리한 말이지만, 사람들은 대체로 이를 수긍한다. 그러나 60대의 키케로는 이러한 통념을 반박한다. 노인은 육체적 힘과 빠르기로 일하는 것이 아니라 예견과 권위와 결단성으로 일한다는 것이다. 노인에게는 청년에게 없는 종합적 판단 능력과 지혜가 있다. 64세가 된 루소는 자신 있게 말한다. "나는 원숙한 나이에 있으며 폭넓은 이해력을 지닌 인생 시기에 도달해 있다."[4] 육체의 나이보다 정신의 힘을 강조하는 슐라이어마허도 노년의 지혜를 치켜세운다.

정신이 육체에 의존한다는 것은 노년에 대한 공허한 편견이며 미친 광기의 비열한 열매이다. 정신이 내적으로 산출하는 거룩한 사상의 위대함이 육체에 의존한다고 누가 감히 말하며, 참된 세계에 대한 감각이 두 팔과 두 다리를 요구한다고 누가 주장하는가? 도발적 젊음은 인간성의 덧없는 혈기라면, 성숙한 열매는 노년이며

4) 장 자크 루소 저, 김중현 옮김, 《고독한 산책자의 몽상》, 한길사, 2007, 65.

노년이 정신에 가져오는 것이다. 노년은 대기와 태양에 의해 최고로 정화되는 때이며 아름답고 유의미한 형태가 완성되는 때이고, 인간의 내밀한 본성이 만족스럽게 확장되는 때이다.[5)]

노년의 지혜를 강조하는 면모는 유학에서도 확인된다. 유학의 가르침은 늙어감을 성숙에 이르는 지속적인 과정으로 삼는 것인데, 그 길은 군자와 대인의 길이며 선비의 길이다.

나는 열다섯 살에 학문에 뜻을 두었고(志學), 서른 살에 자립하였고(而立), 마흔 살에 사리에 의혹하지 않았고(不惑), 쉰 살에 천명을 알았고(知天命), 예순 살에 귀로 들으면 그대로 이해되었고(耳順), 일흔 살에 마음에 하고자 하는 바를 좇아도 법도에 넘지 않았다(從心所欲不踰矩).[6)]

노년의 지혜로움은 늙어감에서 유래하는 소외감을 성숙한 마음으로 받아들이는 것이다. 그 지혜로움은 소외와 성숙의 모순을 인정하면서 모순을 모순 그대로 수용한다. 청년은 어떤 형태의 모순도 거부한다. 그 시절은 모순을 수용하기보다

5) F. D. E. Schleiermacher, *Monolog*, Hamburg: Meiner Verlag, 1978, 85~88.
6) 《論語》, 爲政.

오히려 이를 극복하려고 하기 때문이다. 삶의 모순을 극복하려는 노력, 즉 성숙을 향한 몸부림은 청년을 더욱 청년답게 하며 그 열정을 빛나게 한다. 그러나 청년기를 거쳐온 노년에 모순을 극복하려는 노력이나 열정은 모두 과거의 일이다. 그에게 남은 것은 노력과 열정으로부터 밀려난 소외현상밖에 없는 듯 보인다. 그러나 이 가운데 노년의 성숙한 면모가 들어있다. 노년의 성숙은 청년과 장년의 열정적 노력 없이 생기지 않는다. 소외와 성숙은 겉으로 모순 같아 보이지만 실은 내적인 운동의 결과다. 물리적 시간의 흐름이 늙은이라는 존재론적 소외로 나타나고, 현직에서의 은퇴가 사회적 소외로 나타나지만, 이 소외 가운데 성숙이 자리 잡고 있다는 사실은 정신의 아름다운 결과이다. 노년에 나타나는 소외와 성숙의 현상은 양자택일이 아니라 과정과 결과의 지혜로운 종합이다.

노년의 성숙과 지혜는 죽음 앞에서 흔들리는 마음을 위로해 주며 죽음 이후의 삶까지 생각하게 한다. 노년의 성숙은 노년에 겪는 소외를 대신할 수 없으나 성숙의 가치를 발산한다. 노년의 솔직함은 소외와 성숙의 모순을 인정할 때 나타난다. 소외가 과거에의 집착에서 발생하며 성숙이 미래의 완성을 의도할 때 이루어진다면, 소외와 성숙의 동시적 수용은 과거와 미래의 교차를 요구한다. 이 교차를 달성할 수 있는 시간성은 현재이다. 현재는 노년의 소외에서 해방되고 성숙을 현실화할 수 있는 시간성이다. 어떤 사람에게 있어 최악의 죽음은 그를 현재의 그로 만들어주는 삶의 중심을 상실하는 것이다.

노년의 성숙은 현재의 자유에서 확인된다. 삶의 모든 것은 시간의 작품인데, 삶의 진정한 자유는 현재에서 드러난다. 셸링(F. W. J. Schelling, 1775~1854)에 의하면 "과거는 의식되며, 현재는 인식되고, 미래는 예견된다."[7] 노년의 현재가 자유로운 이유는 과거 삶에 대한 추억을 넘어서서 현재를 그 자체로 인식하기 때문이다. 노년의 자유는 현재를 현재로 인식하는 데 있다. 일반적으로 노년의 현재는 과거로 채워져 있다. 현재를 과거로 채우면 현재는 사라지고 추억만 남는다. 현재가 오로지 과거의 추억으로 채워질 때 현재는 소외를 피할 수 없다. 그래서 프랑스의 작가 보부아르는 우리를 현재의 우리로 만들어주는 일을 포기한다는 것은 무덤으로 들어가는 것과 같다고 말한다.[8] 현재를 현재로 인식하는 것은 과거의 삶에 들어있는 의미를 제대로 파악하는 일을 포함한다.

---

7) F. W. J. Schelling, *Die Welteralter*, Ausgewählte Werke, Bd. 5, Darmstadt: Wissenschaftliche Buchgesellschaft, 1976, 5.

8) 시몬 드 보부아르 저, 박혜영·홍상희 옮김, 《노년-나이듦의 의미와 그 위대함》, 책세상, 2002, 366.

중요한 것은 현재에 대한 긍정이다. 미래가 현재의 의미인 것과 같이 현재는 과거의 의미이다. 현재에서 과거와 미래를 교차시키는 것은 과거의 상처를 치유하는 일이며, 미래의 새로운 가능성을 선취(先取)하는 일이다. 과거를 현재로 불러냄으로써 과거를 정화할 수 있으며, 미래를 선취함으로써 현재를 새로운 현재로 만들 수 있다. 현재의 삶은 과거의 상처로 인해 고립된 삶이 아니라 지금의 현실 가운데서 자기를 재발견하고 세계와 교류하는 삶이다. 과거에 대한 인식을 통해 과거 삶의 의미를 확인하는 것은 다가오는 미래를 새로운 미래로 만들 수 있다. 이것은 자기 정체성의 지속이며 확대이다. 현재는 소외가 만들어내는 자기 정체성의 위기를 극복할 수 있는 시간이다.

현재를 인식함으로써 과거를 치유하고 새로운 미래도 선취한다면 이것이야말로 현재가 누리는 진정한 자유이다. 노인에게 요구되는 미래에 대한 태도는 현재를 새롭게 하려는 노력이다. 현재를 새롭게 하는 데서 삶의 의미가 발생한다. 주체적이고 능동적인 삶은 현재에 일어난다. 그러므로 현재의 자유는 완성된 시간이 될 수 있으며 영원한 현재와도 만날 수 있다.

사람들은 나이대에 걸맞은 능력을 발휘함으로써 생의 기쁨을 누릴 수 있으나, 성실한 노력에도 불구하고 운명적 고

뇌에 빠질 때도 있다. 사람들은 기쁨과 슬픔의 이 모든 시간을 통과한 뒤 노년을 맞는다. 노년은 온축되고 성숙한 삶의 시간이다. 그러므로 노년에 빠지기 쉬운 소외감에서 벗어나 이를 현재의 성숙과 결합하는 사람은 자신의 삶을 완성할 수 있다. 삶의 완성은 도토리 열매가 도토리나무로 성장하여 새로운 열매를 맺을 때의 완성과 유사하다. 삶의 성숙과 완성은 식물 생명의 완성을 능가한다. 그 속에는 운동하는 정신의 힘이 들어있으므로 인간 삶의 완성은 곧 정신의 완성이다.

3. 삶의 아름다운 완성은 지금의 즐거움에 있다

노년에서 가장 중요한 덕목은 지금의 즐거움이다. 과거와 미래로 연결되는 소외와 불안이 노년을 더욱 우울하게 한다면 즐거움은 현재를 생기있게 하고 삶을 생명력으로 채운다. 즐거움은 사물의 본질을 고찰함으로써 두려움이나 헛된 희망에 휘둘리지 않고 쾌활하고 평정한 기분에 도달하는 영혼 상태를 지칭한다. 즐거움은 단순한 감각적 만족이 아니라 폭넓은 숙고에서 나오는 유쾌한 상태이다. 이런 적절한 만족은 부족함도 과도함도 아닌 중용의 상태이다. 적절함의 지혜를 갖는 것은 노년의 평화와 즐거움을 보장한다. 웃음의 철학자 데모크리토스(Demokritus, BC 460~370 추정)도 동일한 것을 말한다.

즐거운 기분으로 살기를 원하는 사람은 자신의 힘과 본성을 넘어가려고 해서는 안 된다. 행운이 그를 높은 데로 인도한다 해도 이것에 주목하지 말고 무리하게 이를 붙잡지 않도록 주의해야 한다. 적절한 만족이 과도한 것보다 안전하기 때문이다.[9)]

성경도 지금의 즐거움을 노래한다.

빛은 실로 아름다운 것이라. 눈으로 해를 보는 것이 즐거운 일이로다. 사람이 여러 해를 살면서 항상 즐거워할지로다. 그러나 캄캄한 날들이 많으리니 그날들을 생각할지로다. 다가올 일은 다 헛되도다.

- 〈전도서〉

눈으로 해를 보는 현재의 삶은 그 자체로 즐거움이다. 인간과 우주의 마지막 시간이 도래하기 전에 삶을 잘 영위하려

---

9) Demokrit aus Abderba, *Fragmente,* ‘Ethische Schriften’, 3.

면 해를 보면서 현재를 즐겁게 살아야 한다. 현재는 단순히 과거와 미래 사이에 놓여있는 통과 지점이 아니라 삶과 죽음 사이의 결단을 요구하는 시간성이다. 그러나 이 결단은 결코 작위적인 것이 아니라 자연스러운 것이어야 한다. 깊은 숙고는 감각적인 즐거움을 넘어서면서도 자연스러운 즐거움을 가능하게 한다.

노년의 즐거움과 웃음은 서로 분리될 수 없다. 버나드 쇼(G. Bernard Shaw)는 "나이가 들어서 웃음을 멈추는 것이라기보다 웃음을 멈춰서 늙는다."라고 말한다.[10] 웃으며 즐겁게 놀지 않는다면 성공적으로 나이가 들었다고 할 수 없다. 그러므로 나이 듦과 웃음, 늙어감과 즐거움은 동반자가 되어야 한다. 늙음은 미래가 축소되는 생애 구간이나 모든 것을 포괄하는 이성과 유머가 지배하는 생의 시간이다. 모든 것을 아우르는 힘을 가지고 웃을 수 있는 노년은 누구나 인정할 수밖에 없는 세계의 한계를 넘어선다. 세계의 한계는 경험의 한계인 동시에 위축된 삶의 한계이다. 노년의 웃음이 이 한계를 넘어선다는 것은 어려운 현실 앞에 굴복했던 젊은 날의 한계를 넘어서는 것이며, 어쩔 수 없이 할 수밖에 없었던 행함에 대한 자유로운 행함의 승리이다.

10) "You don't stop laughing when you grow old, you grow old when you stop laughing."

유머는 노년의 자유와 여유를 보여준다. 노년의 나이임에도 마음이 자유로운 사람은 매사를 폭넓은 시야로 파악하며 어려운 문제가 생겨도 이를 여유롭게 대처한다. 내면의 자유가 없는 사람은 같은 노인이라도 웃음기가 없으며 어려운 상황을 맞으면 젊은이와 같이 당황한다. 그러나 자유로운 노인은 문제를 해결하지 못한다 해도 이를 유머러스하게 표현한다. 웃음은 문제의 지평을 넘어설 때 가능하다. 웃을 수 있는 사람은 발생한 문제상황과 그 너머의 지평을 동시에 보고 있다. 웃음은 감정의 표현이라기보다 지성에의 호소이며, 부분을 넘어서 전체를 보는 시선이다. 그 웃음은 경직된 것을 유연하게 한다. 사람들을 전체와 어울리게 함으로써 모나게 행동하는 사람을 원만하게 살아가게 한다.[11] 그러므로 한자리에서 웃음을 나누는 사람들은 웃음을 주는 자유로운 사람을 통해 새로운 세계를 맛볼 수 있다. 노년의 유머는 삶의 성숙과 지혜를 엿볼 수 있는 정신적 공간이다.

11) 앙리 베르그송 저, 정연복 옮김, 《웃음》, 문학과지성사, 2021, 180 참조.

4. 웰에이징, 어떻게 할까?

첫째, 노년을 받아들이고 사랑하라.

소크라테스는 '자기 몸에 깃들여 있는 아름다움과 강인함을 보라'고 한다. 자신에게 주어져 있는 것을 긍정하면서 이를 그 자체로 받아들이는 일은 노년의 때를 건강하게 사는 출발점이다. 화려했던 과거를 회상하는 데 머물거나 남과 비교하는 것은 현재의 자신을 갉아먹는 것과 같다. 그러므로 노년의 시간을 그 자체로 긍정하고 이를 사랑하는 것이 관건이다. 늙어감을 긍정적으로 수용하는 사람일수록 운동이나 올바른 식습관, 정확한 복약 같은 예방 차원의 건강 증진 조치를 더 적극적으로 실천한다. 의사들도 늙어감에 대한 긍정적인 자세가 규칙적 운동보다 더 낫다고 한다.

세네카에 의하면 노년이 극에 이르렀을 때도 그 안에는 노년만의 즐거움이 존재한다. 황혼에 점차 가까워지는 시간이라도 그것은 일생에서 가장 달콤한 순간에 속한다. 이 순간을 애당초 인정하지 않고 불만과 우울감에 사로잡혀있는 사람은 노년의 즐거움을 느끼지 못한다. 시간을 되돌려 다시 젊어질 수 없다면 노년만의 즐거운 시간을 부정할 이유가 없다.

둘째, 정신적 탄성을 키우라.[12)]

물리적 탄성(彈性)은 외부에서 힘을 가하면 모양이 바뀌었다가 힘이 제거되면 원래의 모양으로 되돌아가려는 성질이다. 이와 마찬가지로 고통받는 정신은 불안과 초조로 인해 움츠러들지만, 상황이 좋아지면 평온하고 안정된 상태로 되돌아가려고 하는 탄성을 갖는다. 정신적 탄성이 크다 해도 슬픔이나 분노를 아예 느끼지 않는 것은 아니다. 정신적 탄성이 큰 사람도 연약한 사람과 같이 슬픔과 분노를 느끼며 때로는 심각한 고통으로 신음하기도 한다. 그러나 그는 자신의 힘으로 이를 회복할 수 있다. 정신적 탄성은 삶의 의미가 가져다주는 만족감과 행복에 비례하며 주변 사람들과의 유대감에도 비례한다.

나이가 들어도 탱탱한 정신력을 유지할 수 있는 제일의 비결은 있는 그대로의 자기 자신을 받아들이고 신뢰하는 데 있다. 이러한 자기 수용과 자기 신뢰를 위해서 필요한 것은 자신을 면밀히 관찰하는 일이다. 이 과정에서 몸과 마음의 낯선 변화가 새롭게 드러난다 해도 이 모두를 인정하고 공감할 필요가 있다. 자기 신뢰와 자기 공감을 통해 정신적 탄성을 유지하는 것은 정신의 회복력으로 이어진다. 여기서 나오는

12) 루이즈 애런슨 저, 최가영 옮김, 《나이듦에 관하여》, 비잉, 2020, 686 이하 참조.

자신감은 자기만의 새로운 삶의 목적을 발견하고 이를 실천할 수 있다.

셋째, 사회적 호르몬을 늘려라.[13)]

노인의학이나 정신의학의 보고에 의하면 생존의 기본욕구를 해결한 뒤 삶의 만족도는 사회적 관계와 삶의 의미에 의해 좌우된다고 한다. 노인들이 괴팍해지는 것은 몸의 불편과 병 때문이 아니라 삶의 목적과 존재 가치를 상실한 탓이다. 다른 조건이 같을 때 외로움은 사망의 위험을 26%나 높인다.[14)]

이와 달리 모든 세대가 어우러져 사는 것은 서로에게 깨달음과 창조의 원천이 된다. 상대방은 가끔 분노와 갈등, 두려움의 대상이 되지만 사랑의 대상도 된다. 이웃에 대한 공감능력은 고독감을 막아주는 강력한 도구이다. 높은 공감 능력은 더 나은 삶의 질을 보장하고 수명을 연장한다. 이를 보여주는 사례로 로제토(Roseto) 효과를 들 수 있다.[15)] 펜실베이니아 중부의 작은 마을에서는 17년 동안 65세 미만의 주민 가운데 심장병을 앓은 사람이 없었다고 한다. 이들은 설탕이

---

13) 마르타 자라스카 저, 김영선 옮김, 《건강하게 나이 든다는 것》, 어크로스, 2020.

14) 루이즈 애런슨 저, 최가영 옮김, 《나이 듦에 관하여》, 비잉, 2020, 584.

15) 마르타 자라스카 저, 김영선 옮김, 《건강하게 나이 든다는 것》, 어크로스, 2020, 4장 참조.

들어간 간식, 고기 기름 요리, 소시지, 포도주와 독한 술을 즐겼지만, 서로 보살피며 여러 세대가 함께 생활하는 이탈리아 전통의 생활 방식 덕분에 건강을 유지할 수 있었다. 하버드 대학의 80년간의 장기 연구(1938~)는 행복하고 건강한 인생의 열쇠가 바로 인간관계라는 결론을 도출했다.[16)]

사회적 관계의 중요성은 노인학 이전에 철학에서 지속적으로 강조한 부분이다. 인간은 애당초 사회적 동물로서 타자와의 관계 속에서 살아간다. 인간은 자기 자신에 관계하면서 동시에 타자와 관계하는 존재이다. 자기 관계는 타자와의 관계를 통해 비로소 이루어진다는 주장도 있다. 타자가 거울처럼 자신을 비추어주기 때문에 자기 인식에 도달할 수 있다는 것이다. 이러한 주장에서는 타자와의 교류와 의사소통이야말로 자기를 자기로 알아차리는 조건이 된다. 다른 사람과의 만남과 교류가 자기를 자기로 확인하여 주므로, 사회적 관계는 노년의 건강한 삶을 보장하는 중요한 조건이다. 인간은 자신과 대화함으로써 새로운 자기를 확인하는 동시에 다른 사람과 대화함으로써 새로운 자기를 공동체 속에서 재확인할 수 있다. 다른 사람과 공동체 속에서 자기 존재를 확인하는 것은 삶의 활력으로 이어진다.

16) 루이즈 애런슨 저, 최가영 옮김, 《나이 듦에 관하여》, 비잉, 2020, 582 이하.

넷째, 자신의 정체성을 의식하고 수시로 업데이트하라.

과거는 현재를 규정하고 현재는 미래의 방향을 정한다. 나이가 들면서 인간의 미래는 '결정되지 않은 무한한 상태'였다가 모든 것이 '결정된 유한한 상태'로 변한다.[17] 그러나 노년기의 특징이 노쇠 현상과 절망뿐이라는 잘못된 사회통념을 버리고 나이 듦에 따라오는 어떠한 어려움도 받아들일 수 있다는 긍정적 마음을 가져야 한다. 더 나아가 노년은 자신의 정체성을 수시로 업데이트해야 한다. 이렇게 할 때 과거의 나와 현재의 나는 같은 사람이라는 자존감을 가질 수 있다. 그런데도 대부분의 노년은 과거의 정체성에 머물러있다. 정체성을 유지하기 위해서는 세상의 주인공처럼 활동하던 과거의 기준을 과감하게 버리고 개개인이 처한 현재의 삶에 발 빠르게 적응해야 한다.

인간의 정체성은 고정불변의 실체가 아니다. 정체성의 변화는 전혀 다른 존재로의 변화가 아니라 변화하는 삶의 상황에 적응하면서도 이를 자신의 기준으로 변화시키는 운동이다. 정체성의 변화는 갈대와 같이 바람 부는 방향에 따라 이리저리 휩쓸리는 운동이 아니다. 환경과 생활세계의 변화는 이미 형성된 정체성에 영향을 미치지만, 바람직한 노년의 삶

---

17) 마크 E. 윌리엄스 저, 김성훈 옮김, 《늙어감의 기술》, 현암사, 2017, 193 참조.

은 이러한 영향에 적절히 대응하면서도 자신을 자기만의 방식으로 변화시키는 삶이다. 여기서 기존의 정체성은 삶이 직면하는 상황과 실질적으로 교류한다. 따라서 노년은 나이 들어가는 현재를 외면하고 화려했던 과거를 추억하는 데 머물러서는 안 된다. 그렇지 않을 때 그는 우울감에서 빠져나올 수 없으며 생동적인 현재를 보낼 수도 없다. 그러므로 현재의 주인으로서 정체성의 변화를 주도하는 삶이 중요하며, 남아있는 양적 시간보다 시간의 질적 사용이 관건이다.

다섯째, 외로움에 익숙해지고 항상 죽음을 의식하라.

사회적 고립과 외로움은 심신의 건강을 해친다. 일찍 요양원에 보내져 외로움을 겪는 노인은 그렇지 않은 노인에 비해 수명이 짧다. 그럼에도 노년은 외로움이 가져다주는 유익함을 깨달아야 한다. 노인은 외로움을 피하지 말고 외로움을 적극적으로 받아들일 필요가 있다. 노인은 외로워져야 하며 그것도 아주 철저히 외로워져야 한다. 그래야만 자신의 가장 깊숙한 곳에 자리하는 자아로 들어갈 수 있다. 외로움을 겪는 일은 그 자체가 쓰라린 고통일 수 있으나 이를 통해 우리는 고독을 극복하고 더 이상 외롭지 않게 된다. 헤르만 헤세의 말처럼, 우리는 내면의 가장 깊숙한 곳에서 분열될 수 없는 영혼을 발견할 수 있다. 분열될 수 없는 영혼은 존재의 근원일 수 있으며 그 자체가 신으로 불릴 수도 있다.[18] 그러므로 내면에서 분열되지 않은 자아를 발견한 노인은 죽음을 두려워하지 않는다. 삶의 안락함, 사는 의미나 즐거움이 전혀 남아있지 않은 인생의 종점에 이른다고 하더라도, 죽음을 의식하는 사람에게는 두려움이 없다. 자기 속에서 근원적 존재를 의식하는 사람에게 죽음은 두려움의 대상이 아니다.

죽음을 의식하는 것은 아직 도래하지 않은 미래를 현재에 각인하는 일이다. 과거-현재-미래의 시간을 과거-미래(죽음)-현재로 만들 때 사람들은 누구나 각성한다. 각성한 사람은 흘러가는 시간에 삶을 맡기지 않는다. 그는 현재를 자신의 현재로 채우려 하며 그 속에서 삶의 의미를 발견하려고 한다. 이러한 맥락에서 철학함은 죽는 연습이라고 한다. 그러므로 죽음은 모든 의미의 종결이 아니라 새로운 의미의 근원이다. 죽음을 이렇게 인식하는 노인에게 아쉬움과 두려움은 존재하지 않는다. 그에게 죽음은 삶의 아름다운 완성이기 때문이다.

젊은이의 아름다움은 삶의 난제들을 이겨낼 수 있는 신체와 의지에서 발견된다. 마찬가지로 노인의 아름다움은 피할 수 없는 노화를 담담하게 받아들이면서 남에게 폐를 끼치지

18) Hermann Hesse, 'Dass Gott in jedem von uns lebt.'

않고 홀로 서려는 마음에 있다. 노년의 행복과 불행은 노화가 고통 없이 천천히 다가오거나 빨리 다가오는 것에 의해 결정되지 않는다. 행운이 노년의 행복을 결정하는 것처럼 보이지만, 이보다 더 좋은 것은 노인 자신이 주어진 삶을 가장 아름답게 완성하는 것이다. 행운은 설명할 수 없는 좋음이지만, 자발적 의지가 완성하는 아름다움은 행운을 능가하는 좋음이다. 이 모든 것을 잘 수행할 때 삶은 아름다운 완성에 이른다. 이러한 수행은 웰에이징의 도정이다.

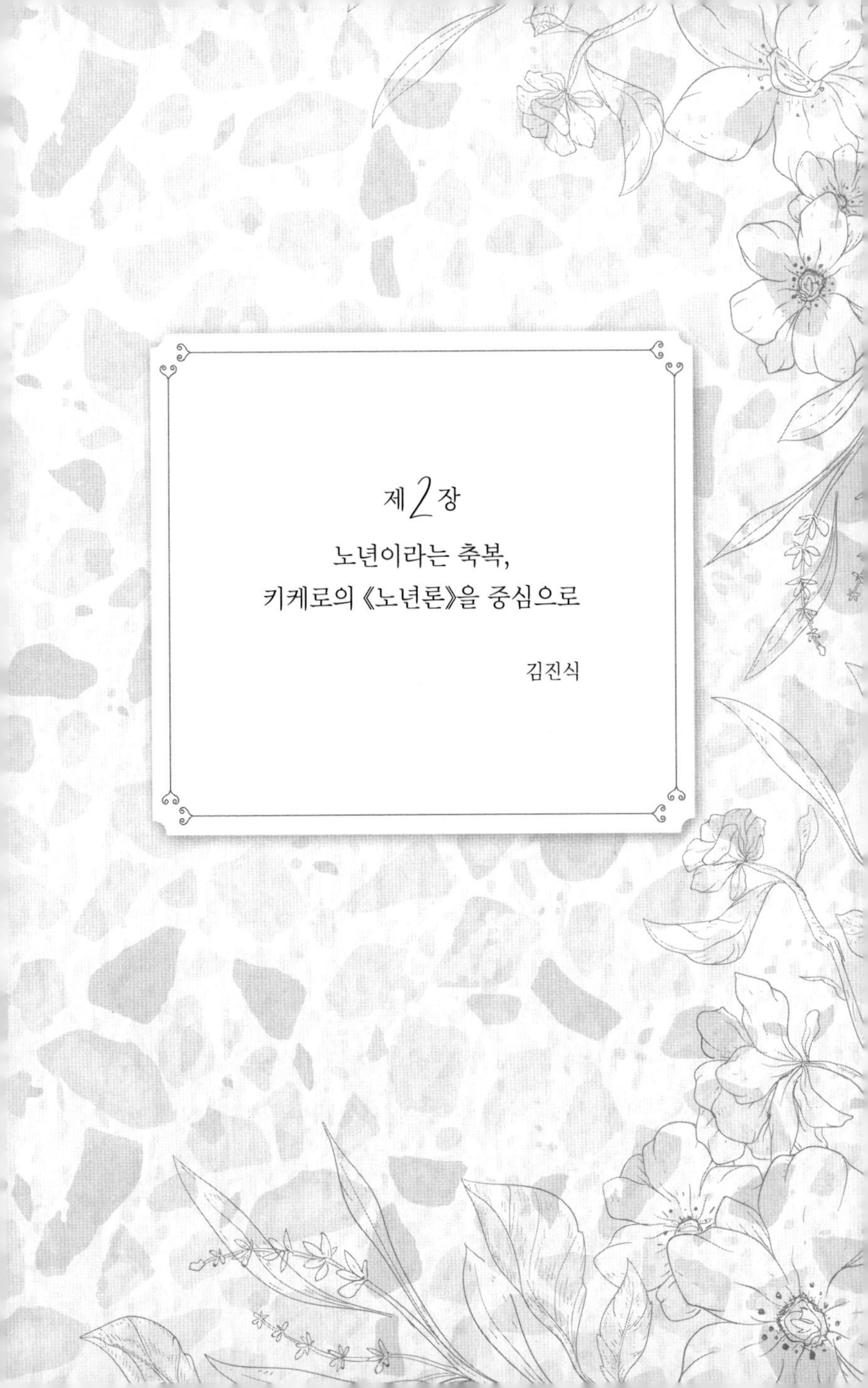

제2장

노년이라는 축복, 키케로의 《노년론》을 중심으로

김진식

키케로의 《노(老)카토 노년론》(이하 《노년론》)은 로마 귀족 남성의 노년을 다룬다. 그는 여성의 노년에 관심을 조금도 보이지 않으며, 피지배층의 노년도 키케로의 관심 밖이다. 키케로의 《노년론》은 기원전 44년 3월 15일 카이사르 암살 이후에, 그리고 기원전 44년 5월 키케로의 정계 복귀 이전에 완성되었을 것으로 보인다. 그렇다면 이 책을 쓸 당시 키케로는 62세였고, 이 책을 헌정 받은 아티쿠스는 65세였다. 키케로는 이즈음 아티쿠스에게 《라일리우스 우정론》도 헌정한다.

당시 키케로와 아티쿠스는 많은 근심으로 괴로워했던 것으로 보인다. 키케로는 다른 더 큰 근심의 위안은 찾기 어려운 만큼, 당장은 그들에게 닥친 노년의 문제를 위로(consolatio, 《노년론》 1)하려는 목적으로 이 책을 쓴다고 밝히고 있다. "자네와 나에게 공통된 것인바, 이미 임박하였거나 혹은 분명 닥쳐올 노년을 자네는 물론 나 자신도 힘겨워하지 않기를 바라기 때문이다(《노년론》 2)." 《파이돈》의 소크라테스가 죽음을 두고 "나는 현재 내게 닥친 일을 불운으로 생각하지 않는다"[19]고 말한 것처럼, 《노년론》의 키케로는 아티쿠스는 물론 자신에게도 노년은 힘겨운 고통이나 불행이 아님을 설득하려 한 것이다. 부언하자면 카이사르 집권 이후 은퇴하여 은거하던 시기의 키케로에게 위로가 가장 큰 관심사였음이 그의 저작 《투스쿨룸 대화》에서도 확인된다. 그는 딸을 잃고 실의에 빠져, 죽음이 악인지 고통인지를 검토한다.

《노년론》에서 키케로는 피타고라스의 인생 4등분처럼 인생을 넷으로 구분하고 거기에 각각 꼬리표를 붙여 소년의 미숙함, 청년의 성급함, 미혹됨이 없는 나이의 진중함, 노년의 원숙함을 거론한다(《노년론》 33). 그는 이때 노년을 노쇠함, 쇠약함, 시들어 버림이 아니라 '원숙함(maturitas)'으로 해석한다. 또 노년을 두고 인생의 대단원(peractio, 《노년론》 85), 그러니까 완성이라는 의미를 부여한다.[20] 우리는 키케로가 노년을 '원숙함'으로 이해하고자 했던 특별한 의미, 아니 좀 더 정확하게 말하자면 역설적 주장의 의미를 살펴보고자 한다.

2003년 오흥식의 번역과 2005년 천병희의 번역이 나오고, 장영란의 논문은 키케로의 《노년론》이 우리말로 처음 번역

19) 플라톤 저, 전헌상 옮김, 《파이돈》, 아카넷, 2020, 84e.

20) 강상진, "나이 듦에 관한 서양 고전의 담론, 키케로를 중심으로", 《가톨릭 철학》, 2023, 22.

된 이래 처음으로 《노년론》을 늙음의 철학적 분석의 사례로 논의하였다.[21] 2021년 장미성은 키케로가 덕을 통한 마음의 평정과 지적 행복 덕분으로 노년을 인생의 최고 단계라고 보았다고 그의 주장을 요약한다.[22] 2023년 강상진도 고전적 덕론의 입장에서 키케로의 《노년론》을 살피고 있다.[23] 이들 연구에 전적으로 동의하는바 우리도 키케로가 《노년론》에서 덕이 있는 사람에게 노년은 불행이나 고통이 아니라는 주장을 내놓고 있다고 생각한다.

다만 여기서 덕이 있는 노인은 행복할 것이고 덕이 없는 노인은 그렇지 않을 것이라는 입장을 다시 한번 논의하려는 것이 아니다. 인간의 노년을 인생의 원숙과 완성으로 본 키케로의 생각이 역설적임을 드러내고 이러한 역설적 노년관의 기원을 살펴보고자 한다. 물론 원숙과 완성의 노년이 어떤 노인에게는 행복이 되고, 어떤 노인에게는 불행이 되는 것은 당연히 덕의 문제일 것이다.

---

21) 장영란, "늙음과 죽음의 윤리", 《서양고전학연구》, 2009, 123~151. 133 이하 '늙음에 대한 철학적 분석'을 보라.

22) 장미성, "노년은 인생의 비극인가? 《키케로의 노년에 관하여》를 중심으로", 《인간 환경 미래》, 2021, 7~34.

23) 강상진, "나이 듦에 관한 서양 고전의 담론, 키케로를 중심으로", 《가톨릭 철학》, 2023, 5~36.

1. 고대의 전통적인 노년상

노년을 원숙함과 완성으로 본 키케로의 시각은 인간의 삶을 발달, 성숙, 노화로 보는 현대 의학적 시각에서 매우 특이하다. 흔히 인간은 발달 단계에서 신체의 기능이 향상되어 성장이 최대치가 되고 생식 능력이 최고에 이르며, 성숙 단계에서 신체의 기능이 최적화되고, 노화 단계에서 성숙이 종료되면서 '분자들과 세포의 무질서에 저항하는 능력이' 약해진다.[24] 현대 의학적 시각은 사실 역사 이래로 인류가 노년을 보는 일반적인 생각과 비슷하다. 그리스와 로마에서 노년을 보는 시각도 크게 다르지 않았다. 이런 시각으로 정리하면 호라티우스의 말이 모두를 대변한다고 하겠다.

> 오는 세월은 함께 많은 유익도 데리고 오지만
> 떠날 때는 그걸 빼앗아 갑니다.[25]

그러니까 사람의 일생을 보면, 나이가 들어가면서 몸이 커지고 힘이 강해지며, 더불어 능력과 지혜가 더 생기지만, 왕

24) 최현석 저, 《노화학 사전》, 서해문집, 2022, 21.
25) 호라티우스 저, 김남우 옮김, 《호라티우스의 시학》, 민음사, 2019, 175행 이하.

성한 청장년이 지나고 나면 서서히 신체적으로나 정신적으로 모든 것이 위축되어 건강이나 지력도 점차 쇠약해진다. 육체적으로나 정신적으로 유약한 소년은 장년에 이르러 제일 강해지고 때로 사회적 지위나 힘도 이와 나란히 성장하지만, 이 시기를 넘긴 후 육체나 정신, 지위 등은 점점 약해진다. 자고로 사람들은 '원숙 이후'를 가리켜 노년이고 하였는데, 노년은 상실의 시기다.

고대적 시각에서 노년은 우선 육체적으로 원숙 이후다. 호메로스의 아테네 여신이 오디세우스를 '노인'으로 변신시킨다. 피부는 탄력과 광택을 잃었으며, 머리는 벗어졌고 온몸에 주름이 가득하다. 눈빛을 보건대 오디세우스의 총명함도 사라지고 없다.

그의 고운 살갗을 나긋나긋한 사지 위에서 쪼그라들게 했고
그의 머리에서 그의 금발을 없애버렸으며
그의 사지를 온통 늙은 노인의 살갗으로 덮었으며
전에는 더없이 형형하던 그의 두 눈도 흐리게 만들었다.[26]

또한 헤시오도스가 보기에 노령의 신은 '파멸을 가져다주

---

26) 호메로스 저, 천병희 옮김, 《오뒷세이아》, 숲, 2006, 13권 430행 이하.

는' 밤이 낳은, 마찬가지로 '저주스러운', 그러니까 '파멸을 가져다주는' 존재일 뿐이다.[27] 저주스러운 노년에 이르러 파멸되는 것은 무엇보다 키케로가 신체적 아름다움의 두 측면으로 언급된 여성의 우아함(venustas)과 남성의 늠름함(dignitas)일 것이다.[28] 바다 노인 네레우스는 "악의가 없고 상냥하고 법도를 소홀히 하지 않고 마음씨가 올곧고 상냥하다."[29]

디오게네스 라에르티오스에 따르면[30] 피타고라스는 인간의 생애를 넷으로 나누었다. "소년이 20년, 청년이 20년, 장년이 20년, 노년이 20년, 그리고 이 연령대는 사계절과 대칭을 이룬다. 즉 소년은 봄, 청년은 여름, 장년은 가을, 노년은 겨울이다." 피타고라스는 인간의 노년, 인생의 겨울이 60세에서 시작된다고 여겼다.

그리스 서정시의 비조인 아르킬로코스는 곱던 여인의 모습이 세월과 함께 노년에 이르러 달라진 모습을 이렇게 적어 놓았다.[31]

27) 헤시오도스 저, 천병희 옮김, 《신들의 계보》, 숲, 2009, 222행 이하.
28) 마르쿠스 툴리우스 키케로 저, 김남우 옮김, 《의무론》, 열린책들, 2024, I 130.
29) 헤시오도스 저, 천병희 옮김, 《신들의 계보》, 숲, 2009, 234행 이하.
30) 디오게네스 라에르티오스 저, 김주일 외 옮김, 《유명한 철학자들의 생애와 사상 2》, 나남, 2021, 8권 10.
31) 아르킬로코스, 사포 외 저, 김남우 옮김, 《고대 그리스 서정시》, 민음사, 2018, 14.

너의 곱던 살결을 예전처럼 꽃피우지 못하는구나.

주름져 시들었으며 늙어 흉하게 되었구나.

그리웠던 얼굴에서 달콤한 사랑이 시들어 버렸구나.

무척이나 자주 겨울바람, 수많은 바람이 불어온다. (단편 188W)

사포의 티토노스 단편도 같은 것을 노래한다.[32)]

한때 고왔던 나의 몸을 이제 노년이

차지하니, 검던 머리는 하얗게 세었고,

마음은 무겁고 무릎은 말을 안 듣는다. (단편 58Voigt, 3~5행)

아르킬로코스의 늙음과 사포의 노년이 과연 몇 살가량을 염두에 둔 것인지 특정할 수 없지만, 아르킬로코스에서 노년에 불어닥친 '겨울바람'이 피타고라스의 '겨울'과 같다면 노년의 시작은 60세라고 추정해 볼 수 있다. 늙어 주름이 깊어지고 매력이 사라진 흉한 모습만 남은 아르킬로코스의 노년, 머리가 온통 백발로 변하고 걸음도 제대로 걸을 수 없는 사포의 노년은 크게 다르지 않을 것이다. 노년에 이르러 가을

32) Richard Janko, "Tithonus, Eos and the cicada in the Homeric Hymn to Aphrodite and Sappho fr. 58", *The winnowing oar-New Perspectives in Homeric Studies*, Christos Tsagalis and Andreas Markantonatos(ed.), De Gruyter, 2017, 267 ff.

낙엽처럼 머리카락이 다 날아가 버리고, 한창때의 활력과 열정이 사라져 매력을 잃고 온몸으로 한기를 느낀다. 사포와 비슷한 시기에 활동한 밈네르모스는 매력을 잃으면서 소년들과 여인들에게 외면당하여 성적 활동에 참여할 기회가 없기에 '고통스럽다, 힘겹다'(단편 1W, 5행과 10행)고 노년을 길게 한탄하였다. 그는 60세에 이르러 노년의 '고통'이 시작되기 전에 운명이 자신을 데려가 주었으면 좋겠다고 기원하는 시를 남겼다.[33]

> 죽음의 운명이 나를 데려가되 소원하노니
>
> 내 인생 예순에 질병이나 고통 없이 데려가기를. (단편 6W)

7현인 중 한 명인 아테나이 사람 솔론은 밈네르모스의 시를 고쳐 죽음을 맞이하기 좋은 나이는 80세라고 바로잡는다(단편 20W).[34] 이렇게 80세 노년설을 주장한 한편, 동시에 그는 단편 27W(=19D)에서 57세 노년설을 제시한다. 솔론은 남자의 일생을 7년씩 열 개의 시기로 구분하였는데, 이에 따르면 노년은 57세 이후에 시작된다.

33) 아르킬로코스, 사포 외 저, 김남우 옮김, 《고대 그리스 서정시》, 민음사, 2018, 73 이하.
34) 같은 책, 91 이하.

사람이 7세까지는 아직 미숙하며 철들지 않은 아이고, 14세까지는 소년인데, 이때 사춘기를 맞는다. 21세까지 청년의 뺨에는 솜털이 자란다. 28세까지 남자는 강력한 힘과 탁월한 역량을 보여준다. 35세까지는 결혼하고 후세를 생산하는 시기다. 42세까지의 여섯 번째 시기에 이르러 사람은 맑은 정신을 얻으며 처신의 미숙함이 사라진다. 다음 14년 동안, 그러니까 42세에서 56세까지는 언어와 지혜가 정점에 이른다. 57세에서 63세에 이르는 아홉 번째 시기는 언어와 지혜가 정점에 비해 쇠약해지고, 64세에서 70세에 이르는 세월은 언제 죽어도 이르다 할 수 없다.

솔론은 57세에 이르러 절정을 넘겨 노년이 시작되며 신체적인 것은 말할 것도 없이 정신적으로나 지적으로 점차 약해지고 위축되어 '맑은 정신, 언어, 지혜'가 예전만 못한 시기로 접어든다고 보았다. 참고로 아리스토텔레스는 《정치학》에서 인생을 7년 단위로 나누는 것에 대체로 찬성하면서[35] 70세를 생산 능력이 고갈된 때라고 설명한다.

기원전 5세기에 제작된 암포라에는 노령이 형상화되어 있다. 얼마인지 특정할 수 없는 노령에 그보다 훨씬 덩치가 큰 헤라클레스는 예의 방망이를 휘두르려 한다. 지팡이를 짚고

35) 아리스토텔레스 저, 천병희 옮김, 《정치학》, 숲, 2013(2판), 422, 1336b 35.

있는, 왜소하게 위축되어 앙상하게 뼈만 남은 팔과 다리를 가진 노령은 탄원하는 자세로 그와 상반된 모습을 한 헤라클레스에게 손을 내밀고 있다. 그리스의 영웅은 탄탄한 근육과 체격을 자랑하며 팔과 다리에는 활기와 힘이 넘친다. 헤시오도스가 언급한 파멸이 노령을 덮친 결과이겠다.

그리스 비극 작가들이 말하는 노년도 인생에서 가장 고통스러운 시기였다. 기원전 416년 최초로 공연되었을 것으로 추정되는 에우리피데스의 《헤라클레스》에서 합창대는 이렇게 노래한다(638행 이하).[36]

하지만 노년은 아이트네의
바위들보다 더 무겁게
내 머리를 짓누르며
내 눈빛을 어둠으로 가린다네.

노년은 육체적 건강을 대표하는 눈의 시력이 크게 떨어지는 시기이며, 머리가 온전히 맑고 상쾌하지 못하고 늘 무겁고 흐릿하다.

---

36) 에우리피데스 저, 천병희 옮김, 《헤라클레스》, 숲, 2009, 451.

플라톤은 《티마이오스》에서 노년을 '쇠퇴'로 보았다.[37)]《국가론》 제1권에서 노인 케팔로스와 소크라테스의 대화는 노년의 모습을 대체로 이와 비슷하게 그리고 있다.

아리스토텔레스는 《수사학》 제2권 13장에서 노인의 성격과 성질을 다룬다.[38)] 노년은 신체적 쇠약과 정신적 위축을 겪으면서 동시에 성격이나 정서적으로도 성격도 바른 모습(decorum)을 잃고, 그리하여 타인에게 상당히 불편한 행태(incommoda)를 보인다. 아리스토텔레스가 관찰한 것에 따르면, 인생의 절정기를 지나면 노년을 맞은 노인은 자신감이 없고 매사에 활력이 부족하다. 심술궂고 의심이 많고 불신이 깊다. 매사 비관적이며 불평이 많고 투덜댄다. 위대하고 비범한 것을 욕구하지 않고 좀스럽고 지나치게 이기적이며 인색하다. 파렴치하다. 추억 속에 살아가며 수다가 많다.[39)] 기개는 돌발적이고 약하며 비겁하다. 욕구는 완전히 사라졌거나 약하다.

그런데 아리스토텔레스는 육체적 절정기를 30~35세, 영혼의 절정기를 49세로 보았다.[40)] 청년과 노년 사이에 인생의

---

37) 장미성(2021), 플라톤이 《티마이오스》에서 논하는 노년은 다분히 당대의 의학적 관점을 반영한 것이라고 설명한다. 플라톤 저, 김유석 옮김, 《티마이오스》, 아카넷, 2019, 81d.

38) 아리스토텔레스 저, 천병희 옮김, 《수사학/시학》, 숲, 2017, 172 이하.

39) 키케로도 《노년론》, 55에서 이에 동의하는바 노년은 좀 수다스럽다.

40) 아리스토텔레스 저, 천병희 옮김, 《수사학/시학》, 숲, 2017, 178.

절정기가 놓인다.[41] 아리스토텔레스가 생각했을 법한 노년의 나이를 가늠해 볼 수 있는 단서는《정치학》이다. 그는《정치학》에서 여자가 18세쯤에, 남자가 37세쯤에 혼인하여 자식을 얻도록 하자고 제안하는데, 이렇게 혼인하면 자식이 육체적 절정기에 이를 때 부모는 동시에 생산력이 완전히 고갈된 시기인 남자 70세, 여자 50세가 된다.[42] 남녀를 불문하고 50세 이후로는 육체적으로나 정신적으로 확실하게 인생의 정점을 넘어서며 70세라는 종점을 향한다.

한편, 아리스토텔레스의 고약한 노인은 메난드로스의 희극에 등장하는 괴팍스러운 심술쟁이 영감 크네몬을 닮아있다. 적잖이 오래 산 크네몬은 사람을 아주 멀리하고, 누구에게나 심술궂고, 사람들과 어울리지 않으며, 누구든 미워한다. 그는 평생 누구에게도 다정하게 인사를 건넨 적이 없다.[43] 우연히 과부와 결혼하여 딸을 하나 얻었으나, 성격으로 말미암아 매일 아내와 싸우게 되면서 결국 아내는 집을 떠날 수밖에 없었고, 그는 어린 딸을 데리고 홀로 세상을 등지고 살아간다.

---

41) 아리스토텔레스, *De iuvnetute et senectute* 479a. A. Woodcox, 2018, 72에서 재인용.

42) 아리스토텔레스 저, 천병희 옮김,《정치학》, 숲, 2013(2판), 416 이하. 김재홍(길, 2019)은 '인생의 쇠퇴기에 이른다'고 번역하였다.

43) 메난드로스 저, 천병희 옮김,《메난드로스 희극》, 숲, 2014, 16 이하.

호메로스에서 아리스토텔레스, 메난드로스에 이르기까지, 나아가 키케로의 다음 세대였던 시인 호라티우스까지 우리가 찾을 수 있는 전거를 보면, 노년은 호라티우스의 말대로, '많은 꼴불견(multa incommoda)'[44]을 보여주는 시기라고 하겠다.

2. 《노년론》의 전통적인 노년상

고대의 전통적 일반적 견해는 노년을 신체적으로나 정신적으로 또한 성격적으로도 추해지고 유약해지는 시기로 보고 있는바, 이에 따르면 노년은 절정을 넘어서 내리막으로 치닫는 시기다. 따라서 이와 상반되게 키케로가 노년의 '원숙함'을 언급한 것은 매우 이례적인 예다. (신체적, 정신적, 성격적) 건강과 나이를 두 축으로 하는 좌표평면을 그린다면, 전통적 일반적 견해는 포물선을 나타내겠지만, 키케로의 견해는 우상향 직선으로 나타날 것이다. 그런데 여기서 독특하게도 키케로의 우상향 직전은 그 정점에서 죽음으로 이어진다. "완숙하여 무르익은 사과는 저절로 떨어지는 것처럼… 노인

44) 호라티우스 저, 김남우 옮김, 《호라티우스의 시학》, 민음사, 2019, 169행 이하.

들은 완숙에 의해 삶을 마치게 되네(《노년론》, 71).”

하지만 키케로도 육체적으로나 정신적으로 그리고 외적으로도 내리막을 향하는 노년에 동의할 수밖에 없었다.[45] 그것은 받아들이지 않을 수 없는 엄연한 자연의 필연성이다. 그는 《노년론》에서 우리가 그리스 로마의 고대 세계에 발견했던 노년의 증후를 똑같이 받아들인다.

노년은 많은 사람에게 불행하고 고통스러운 시기로 받아들여진다는 것을 전제로 키케로의 《노년론》은 시작한다. 위로의 책을 쓴 저자나 위로의 책을 받은 그의 친구나 똑같이 노년 때문에 근심하고 있다(《노년론》, 2). 앞서 언급한 에우리피데스 《헤라클레스》의 시행을 인용하여 노년은 ‘아이트나 화산보다 힘겨운 짐을 진 것’이라는 전제에서 시작한다(《노년론》, 4). 키케로는 이것도 ‘자연의 필연성’(《노년론》, 4)이므로 자연이 하는 일을 순순히 받아들여야 한다고 본다. 자연의 순리를 푸념이나 불평으로 맞서는 일은 어리석음의 소치일 뿐이다. 늙어 쇠약해짐이 다만 고통과 짐이 아니라는 사실을 이해하고 자연이 부여한 노년의 의미를 파악해야 한다. 이를 이해하고 파악한 사람은 ‘노년에 맞서는 최적의 무기’(《노년

45) 장영란(2009), 133 이하는 자연적 필연성에 따라 노년에 이르러 사람들은 육체적으로나 정신적으로 쇠약해진다는 일반적 통념을 키케로도 부정할 수 없었음을 확인하였다.

론》, 9)를 갖춘 것이다.

키케로는 노년에 이른 사람들이 흔히 하는 불평을 네 가지로 요약하였다. 첫 번째 불평은 활동의 위축인데 재산, 명예, 권력 등의 외적인 문제와 관련된 듯 보인다. 두 번째 불평과 세 번째 불평은 신체적 쇠약, 쾌락의 감소 등이 불러일으키는 육체적 문제다. 한편, 키케로는 노년과 함께 닥치는 정신적 문제도 육체적 문제와 외적인 문제를 다루는 가운데 짧게 다룬다.

마지막 네 번째 불평은 죽음의 문제인데, 키케로는 여기서 노년이 고통이 아니라는 것을 증명하겠다는 처음의 취지에서 벗어나, 엉뚱하게 죽음이 악이나 고통이 아님을 간략하게 보여준다. 사실 이런 불평은 노년을 죽음의 원인으로 돌리는 오해에서 비롯된 것이며, 노년과 죽음 사이에는 아무런 인과관계가 존재하지 않기 때문이다(《노년론》, 68). 물론 노년과 죽음은 가깝게 놓여 있는 일이다(《노년론》, 66). 하지만 노년이 죽음의 원인은 아니다.

키케로가 네 번째 불평에 답하는 《노년론》, 66~84의 논의는, 죽음이 악이 아니고 고통이 아님을 논의하였던, 가깝게는 《투스쿨룸 대화》의 논변을, 멀리는 플라톤의 《파이돈》에서 소크라테스의 논변을 반복한 것인바, 피타고라스의 영혼불멸 사상에 근거하여 죽음이 오히려 육체로부터 영혼이 해방되어 '영혼들의 신성한 회합과 모임으로 떠나게 되는'(《노년론》, 84) 아름다운 일임을 강조한다.

어리석게도 죽음을 고통으로 생각하고, 나아가 죽음의 원인으로 노년을 탄핵하는 사람들에게 키케로는 탄핵 자체가 성립하지 않음을 보여주고 있다.

따라서 우리는 노년의 불평 가운데 자연적 필연성에 따라 노령에 수반하는 육체적, 정신적, 외적인 문제들로 논의를 한정하여, 이런 자연적 조건 때문에 혹은 자연적 조건에도 불구하고 노년은 축복일 수 있음을 보여주는 키케로의 논의에 집중하고자 한다. 그러니까 키케로가 제시한 노인의 네 가지 불평 가운데 죽음의 문제를 뺀 나머지 불평들을 다루도록 하겠다.

먼저, 사람들은 노년에 이르러 육체가 쇠약해진다(《노년론》, 15)고 불평한다. 또 체력이 줄어들고(《노년론》, 27), 전반적으로 힘이 없다(《노년론》, 33)고 한탄한다. 노년에 육체적 힘이 시들해지고 고갈되는 것은 자연스러운 일이지만, 예를 들어 젊은 날까지 왕성하게 활동하던 연설가라면 '허파와 힘'(《노년론》, 28)이 예전만 못한 노년의 현실은 불만스러울 수 있다.

하지만 그렇다고 노년이 힘을 완전히 고갈시키거나 파멸시키는 것은 아니다. 오히려 노년도 과거의 강인함을 어느 정도 유지할 방안이 있는데, 그것은 운동과 절제(《노년론》, 34)

다. 육체의 건강을 돌보고 신체를 단련하며 기력을 보강할 만큼의 음식을 섭취하는 등의 운동과 절제로 무언가를 하고자 한다면, 그리고 그것이 할 수 있는 일이라면 할 수 있을 만큼의 힘을 유지할 수 있다(《노년론》, 32).

키케로에 의하면 연설가는 폐활량과 성량에 크게 기대어 연설할 수 없게 된 노년에 이르러 노년에 알맞은 연설 기량을 얻는 일이 흔하다고 한다. 나지막하고 느린 말투로 진행되는 노인의 찬찬하고 차분한 연설이 그 나름대로 청중을 끌어들인다(《노년론》, 28).

나아가 노인에게는 견디기 어려울 만큼의 과중한 체력 소비를 요구하는 일은 주어지지 않는다. 청년기와 장년기에 해야 하는 일도 노인이 되면 법과 관례에 따라 면제되며(《노년론》, 34), 무리하게 힘을 쓸 일은 자연스럽게 줄어든다. 따라서 힘이 줄어들어 활동이 위축되고 사회적 의무를 수행하지 못하게 되는 것은 노령의 탓은 아니다(《노년론》, 35).

한편 육체적 쇠약과 함께 거론되는 흔한 불평은 쾌락의 감소다(《노년론》, 7; 34). "노년에는 잔치도 없어지고, 잘 차려진 연회도 없어지고, 빈번한 술자리도 없어진다"(《노년론》, 44). 하지만 이는 '대단한 노년의 선물'(《노년론》, 39)이다. 쾌락은 치명적인 역병인바, '여기로부터 조국의 배신이, 여기로부터 국가의 전복이, 여기로부터 적들과의 은밀한 내통이' 생겨나고, '모든 범죄가, 모든 악행이 쾌락의 욕정으로부터 부추김을 받은 것'이며 '강간, 간통, 모든 그런 추행은 다른 어떤 것이 아니라 쾌락이라는 미끼에 걸려든 것'(《노년론》, 40)이다. '쾌락은 사리 분별의 훼방꾼이며, 이성의 원수이며, 정신의 눈을 가린 소위 눈가리개'(《노년론》, 42)이다. 이런 쾌락을, 우리가 이성과 절제의 고된 노력으로 물리칠 수 있었던 쾌락을 단숨에 없애준 것은 노년이다. 우리가 해서는 안 될 일을 자연스럽게 추구하지 않게 해준 것은 노년이다(《노년론》, 42).

하지만 그렇다고 노년의 쾌락이 전혀 없는 것도 아니다. 노년에도 잔치는 아니어도 친구들과 어울려 즐거운 대화를 나누며 벗들과의 만남 자체를 즐길 수 있는 소소하고 유쾌한 식사는 가능하다(《노년론》, 45). 키케로는 이런 식사 자리를 로마인들이 '삶의 화합'이라는 뜻에서 '회식(convivia)'으로 불렀다고 알려준다.

또한 노년에 이르러 '쾌락의, 말하자면 간지러움(voluptatum quasi titillatio)'(《노년론》, 47), 그러니까 성생활의 결핍이 주는 고통이 욕망하는 자들에게는 상당히 클 수 있고 그래서 이를 혐오스럽고 힘겨운 일로 여기겠지만, 사실 노년은 그런 쾌락을 크게 필요로 하지도 않는다. 필요로 하지 않는 사람에게는 결여 자체가 없다. 결핍을 기꺼이 받아들이기 때문이다. 또한 한창때만큼은 아니지만 그렇다고 아예 없는 것도 아니기 때문이다(《노년론》, 48).

다음으로 육체적 노쇠와 함께 찾아오는 정신적 노화도 문제시된다. 이와 관련하여 키케로는 사람들이 노년의 불만스러운 문제로 제기하는 '기억력의 감퇴'(《노년론》, 21)를 중요한 사례로 검토한다. 진의를 알 길 없는 속담도 이와 같은 맥락에서 제시한다. "묘비를 읽으면 기억을 잃는다." 역사적 사실이나 과거를 살펴보려는 탐구를 주로 노인들의 일로 치부하고, 노인들에게 기억력이 약해지는 자연스러운 현상과 결부시켜 만들어진 속담으로 보인다.

하지만 실제로 노년 때문에 — 키케로가 보기에도 — 정신과 영혼은 기름이 떨어진 등잔불처럼 꺼져버릴 수 있다(《노년론》, 36). 그렇지만 쉼 없이 훈련하고 단련한다면, 노년이 정신과 영혼의 불을 꺼뜨리는 일은 일어나지 않는다.

키케로는 피타고라스학파의 방법에 따라 기억력을 훈련하여 낮에 무엇을 말하고 듣고 행하였는지를 저녁에 되짚어 보는 일(《노년론》, 38)을 추천한다. 이렇게 다만 '열심과 진심을'(《노년론》, 22) 다한다면 노년에도 타고난 재능은 줄어들지 않는다.

"무언가를 매일 새롭게 배워가면서 노인이 되어간다." 솔론의 이 시구(18W)도 고령에 이르기까지 솔론이 열과 성을 다해 배우고 익히면 정신적 활동을 멈추지 않음을 말해준다

(《노년론》, 26).

소크라테스가 말년에 칠현금을 뜯었던 것처럼 말년의 카토는 그리스 문학을 열심히 배우고 있음을 실토하는데 이 또한 같은 맥락의 예들이다. 그리스 로마의 많은 예를 보건대, 정치적·법률적·종교적 사회활동에서 노년은 오히려 탁월한 성과를 보여주었고, 문학과 철학 등의 학문적 활동에서도 마찬가지였다. '학문과 탐구라는 양식'(《노년론》, 49)을 얻는다면 노년은 더없이 행복할 뿐만 아니라, 역사적으로도 증명되는 사실인바, 엄청난 국가적 업적을 이룩할 수도 있다. '큰일을 하는 것은 육체의 힘이나 순발력이나 민첩성이 아니라 지혜와 위엄과 판단'이기 때문이다(《노년론》, 17).

한편, 키케로가 거론한 노년의 불평 가운데 우선은 노인이 되면 활동을 빼앗긴다(《노년론》, 15)는 것이다. 육체적 힘이 떨어져 힘으로 하는 일은 못 하게 된다는 논의이지만, 우리는 이를 집안일이나 사회적 활동에서 멀어짐으로써 외적인 것, 그러니까 재산, 명예, 권력 등에서 배제되고 소외되는 문제로 생각한다. 주변 사람들로부터, 심지어 친했던 사람들이나 가족들로부터 괄시를 당하고, 무시를 견뎌야 한다는 것이 이 불평의 핵심이라고 생각한다.

비극 시인 소포클레스가 자식들에 의해 법정에 세워진 사례(《노년론》, 22)를 보면, 그의 자식들은 노년의 시인을 심신상실자이므로 금치산자로 선포해 줄 것을, 그래서 그를 집안일로부터 배제할 수 있는 권리를 자식들에게 허락해 줄 것을 법정에 호소한다. 노년의 힘이 줄어들었다는 이유로 법률과 관습은 많은 일을 노인들에게 면제해 주는데, 심지어 할 수 있는 만큼을 요구받는 일조차 없어진다(《노년론》, 34).

키케로는 카이킬리우스의 단편을 인용하여(《노년론》, 25) 노인이 주변 사람들에게 거추장스러운 존재로 받아들여지는 상황을 언급한다.

> 내 보기에 실로 노년의 가장 큰 불행은 이것인데,
> 그 나이의 자신이 남에게 불편한 사람이라는 생각.[46]

노인에게 발생하는 가장 큰 고통은 주변 사람들에게 불편하고 성가신 존재가 된다는 것이다. 사람들은 노인을 쉽게 믿고, 잘 잊어버리고, 조심성이 없으며, 게으르고 빈둥거리며, 나른한 시간을 보내는 경솔한 존재로도 여긴다(《노년론》, 36). 그리하여 노인은 사회적 위엄마저 잃고, 가족들의 돌봄을 받지 못하고, 스스로 자신을 지키지 못하는 신세가 된다(《노년론》, 38).

---

46) 카이킬리우스 희극 단편 28~29.

또 명예를 누리지 못하는 일도 발생하는데, 명예란 대단히 크고 엄청난 것이 아니라 평범하고 사소한 것인바, 아침 문안 인사를 받거나, 사람들이 손을 잡고 인사하거나, 길이나 자리를 양보받거나, 출타하거나 귀가할 때 주변의 동행을 받거나, 무언가 조언을 부탁받는 등의 일이다(《노년론》, 63). 노인은 이런 사회적 무시와 냉대 때문이거나 혹은 육체적 힘이 약해지기 때문에 성격이 비뚤어지고 추해지기도 한다. 또한 그것 때문에 더욱 세상 사람들은 노인을 무시하고 멸시하며, 조롱하는 일이 빈번히 발생한다(《노년론》, 65). 그래서 다시 노인은 완고하고 쓸데없는 걱정이 많고 때로 버럭 화를 잘 내며 까탈스럽다고 인색하다 싶은 모습을 보이게 된다.

3. 《노년론》의 역설

키케로는 노년을 원숙(《노년론》, 33)이라고 하면서, 동시에 노년을 일반적인 견해에 따라 육체적으로나 정신적으로 쇠약해지는 시기, 나아가 그것 때문에 혹은 그것과 더불어 사회적 활동, 위신과 명예가 감축되는 시기로도 보았다. 이는 우리의 눈길을 끈다.

키케로의 주장은 역설적이다. 어떻게 육체적·정신적 쇠약과 사회적 활동의 위축이, 악이 아닌(《노년론》, 4), 감사해야 할(《노년론》, 42), 더없이 즐거운(《노년론》, 49) 일일 수 있을까?

아마도 키케로는 우리의 인생이 노년에 드디어 원숙함에 이르렀기 때문이라고 답할 것이다. 육체적 힘도 약해지고 사회적 외적 활동에서 밀려나지만, 이를 필연적인 일, 자연스러운 일로 받아들인다면 — 물론 그것을 받아들이는 일은 쉽지 않은 일이고 많은 사람은 이를 불평한다. — 노년은 오히려 '욕정, 출세, 경쟁, 대결 등 온갖 욕망의 복무를' 마침내 마친 것이다(《노년론》, 49). 그러니까 노년이라는 자연스러운 변화 덕분에 우리는 사리 분별의 훼방자이며, 이성의 원수이며, 정신의 눈을 가린 소위 눈가리개였던 쾌락에서 벗어난 것이다.

육체적 외적 욕망의 복무로부터 해방되어 자유를 얻는 때인바, 이는 젊은 시절에 이성과 절제로도 할 수 없었던 것이다(《노년론》, 42). 자연의 필연성에 순응한다면 '모든 좋은 것을 자신 안에서 스스로 구하는'(《노년론》, 4) 때가 우리에게 자연스럽게 찾아오는 것이다.[47] 키케로가 말하는 원숙은 영혼의

47) '모든 좋은 것을 자신 안에서 스스로 구한다'는 것은 《투스쿨룸 대화》, V 12, 36 이하에서 보이는데 이는 플라톤 《메넥세노스》, 247e~248a를 번역한 것이다.
"행복한 삶을 가져다주는 모든 것이 자기 자신 안에 있고 타인들의 행, 불행에 좌우되지 않으며, 타인의 행위에 매달려 같이 헤매도록 강요당하지 않는 사람, 이 사람은 가장 훌륭한 삶의 이치를 마련한 것이다. 이 사람은 절제하는 사람이고, 이 사람은 용감한 사람이

자유와 해방이었다.

그리하여 자유를 얻고 해방된 노년의 영혼은 — 키케로의 말에 따르면 — '스스로에 머물고 자기 자신과 함께 살아간다(animum secum esse secumque vivere).'(《노년론》, 49). '스스로에 머문다'는 구절은 《노년론》에 앞서 쓰인, 죽음은 악이 아님을 증명하는 《투스쿨룸 대화》 제1권에 등장했다. 여기서 키케로는 《파이돈》의 소크라테스처럼 죽음이 고통이나 불행이 아니라 오히려 육체로부터의 해방이고 자유라는 역설을 반복하였는데, 이에 따르면 해방되어 자유를 얻은 영혼은 '스스로에 머물게' 된다.[48] '스스로에 머문다'는 구절이 《노년론》에서, 노년에 접어들어 육체의 복무에서 벗어나 자유롭게 된 영혼에 다시 접목되었다.

그런데 플라톤은 《파이돈》에서 육체에 물든 영혼(67a, 83d)이 모든 방면에서 육체를 떠나 자기 자신을 수습하고 될 수 있는 대로 자기만으로 살아가도록 길들이는 것을 정화라고

고, 이 사람은 지혜로운 사람이고, 이 사람은 여타의 유용한 것들이 생겨나고 사라질 때, 특히 자식들이 태어나고 죽더라도, 옛 계율에 복종하고 따를 사람이다. 그는 지나치게 슬퍼하거나 즐거워하지 않을 것인데, 자신의 모든 희망을 늘 자신 안에 두기 때문이다."

48) 《투스쿨룸 대화》, I 30, 74 이하.

"철학자의 삶 전부는 소크라테스의 말처럼 죽음의 연습입니다. 쾌락에서, 다시 말해 육체에서, 육체를 시중들고 받드는 가산(家産)에서, 국사에서, 모든 업무에서 영혼을 떼어놓을 때, 내 말하노니, 이는 영혼을 본래 모습으로 되돌리며 스스로에 머물러(secum esse) 최대한 육체로부터 분리하는 일이 아니고 달리 무엇이겠습니까?"

설명하였다(67c). 정화란 육체의 어리석음에서 벗어나 깨끗하게 되고(67a), 육체의 쇠사슬로부터 영혼이 분리되는 것이다(67d). 그리하여 정화된 영혼은 그 자체로 있게 되고(67a), 홀로 그 자신과 살아간다(67c).

키케로가 노년의 영혼이 '스스로에 머물고 자기 자신과 함께 살아간다'고 한 것은 플라톤 《파이돈》의 정화를 생각한 것으로 보인다. 《노년론》을 집필하기 전에 키케로가 《파이돈》을 번역하여 죽음의 문제를 다룬 《투스쿨룸 대화》를 끝마쳤다는 점을 고려할 때 이는 충분히 개연성이 높아 보인다.

플라톤에게 역설적이지만 죽음이 정화였다면, 키케로에게 노년은 일종의 정화였고, 그런 의미에서 육체와 더불어 사는 한 노년의 영혼은 원숙이라는 최고의 단계에 이른다. 그런데 《파이돈》의 철학자가 될 수 있는 대로 생각을 육체에서 멀리하고 영혼에 생각을 돌리며(64e), 다른 누구보다도 될 수 있는 대로 영혼을 육체의 결합에서 해방하려고 하며(65a), 육체를 떠나 될 수 있는 대로 그것과 상관하지 않으려 하였는바(65c) 키케로의 노년은 플라톤의 철학자를 닮았다.

'육체를 벗어나 욕망과 시샘에서 놓여난' 영혼은 참으로 행복한 삶의 순간으로 들어선다. 이때 영혼은 무언가를 고찰하고 관찰하는 일, 사태를 관조하고 인식하는 일에 자유롭게 전념할 수 있게 된다.[49] 이것이 바로 피타고라스가 설명한 바, '삶에서 다른 모든 열정보다 자연의 관조와 인식을 크게 앞세우는'[50] 철학자의 삶이다. 《투스쿨룸 대화》처럼 《노년론》에서도 키케로는 관조의 삶을 최고의 삶으로 상정한다. 그래서 예를 들어 사계절의 변화에 따라 시시각각 변하는 자연을 관찰하고 대지의 힘과 본성을 지켜보는 농업을 키케로는 대단히 이상적인 행복하고 즐거운 삶으로 주목할 만큼 길게 묘사한 것으로 보인다.[51]

그래서 키케로는 《의무론》에서 노년이 해야 할 일로 육체의 일을 줄이고, 친구들과 청년들, 특히 국가를 지혜와 현명함으로 도울 수 있도록 '영혼의 단련(exercitatio animi)'을 강조하였는데, 《노년론》에 비추어 노년은 다른 어느 때보다 영혼의 단련을 위한 최적의 조건이 주어진 때, 그야말로 인생이 원숙함에 이른 시기이기 때문이다.[52] 그리하여 노년이 성취한 '지혜와 현명(consilium et prudentia)', 《노년론》의 표현으로 '지혜와 판단(consilium et sententia)'은 공동체를 위해 더없이 중요하고 큰일을 행하며(《노년론》, 17), 공동체의 존경을 받고 위

49) 《투스쿨룸 대화》, I 19, 44.

50) 같은 책, V 3, 9.

51) 《노년론》, 51~60.

52) 《의무론》, I 34, 123.

엄을 가진다. 이런 뜻에서 ‘위엄(auctoritas)’은 ‘노년의 왕관(apex senectutis)’(《노년론》, 60)이며, 인생의 마지막 열매(《노년론》, 62)이다.

호메로스 이래로 ‘비참한 노년’[53]이라고 많은 사람이 생각하였지만, 키케로가 보기에 노년은 영혼이 육체적 속박에서 벗어나 자기 자신을 돌보는 훌륭한 일에 종사할 기회가 허락되는 흔하지 않은 기회이다. 이는 오로지 소수의 사람에게만 허락된 기회이며, 오히려 더없이 즐거울 수 있는 때이므로 노년은 축복이 아닐 수 없다.

키케로는 피타고라스의 영혼 불멸과 윤회 사상에 담긴 정화를 그리고 관조의 삶을 노년에 적용하였다. 죽음을 통해 육체의 감옥에서 벗어나 영혼이 진정한 삶을 살게 된다는 피타고라스 철학을, 키케로는 영혼이 육체와 더불어 살아가는 시기, 죽음 이전의 한때, 그러니까 노년을 대입한다.

자연스럽게 육체적 욕망에서 벗어나, 명예와 재산과 권력의 추구에서 해방되어 자유롭게 된 노년을 키케로는 불행이나 고통이 아니라 오히려 행복을 향한 출발점이라고 생각한다. 노년에 욕망의 격랑이 몰아치던 바다를 벗어나 이제 자연의 필연성에 따라 쉴 만한 물가에 이르렀다는 것이다. 이

53) 호메로스 저, 천병희 옮김, 《오뒷세이아》, 24권, 249행.

때 만약 고요하고 평화롭게 관조하는 삶, 지혜를 탐구하는 삶을 살아간다면, 키케로의 생각인바, 그런 사람은 최고의 행복에 이를 것이다.

피타고라스 철학을 키케로는 《국가론》 6권, 소위 '스키피오의 꿈'에서도 끌어들여, 육체적 욕망이나 외적 좋음에서 얽매이지 않고 초연하며 오로지 국가를 위해 헌신하는 삶이 결국 어떤 보상을 받을 수 있는지를 보여주었다. 이렇게 그는 피타고라스 철학을 《국가론》, 《투스쿨룸 대화》, 《노년론》으로 확장하고 있다.

키케로가 피타고라스 철학을 재발견한 플라톤에게서 이탈리아 철학을 재수입하여, 이탈리아 철학의 새로운 도약을 준비하려고 하였던 것인지는 좀 더 면밀한 검토가 필요해 보인다. 적어도 루크레티우스에서 키케로를 거쳐 세네카까지 피타고라스의 '철학자'가 어떻게 논의되고 있는지 살펴보는 것이 우리의 다음 과제일 것이다.

제 3 장

노년의 삶과 자기 돌봄

공병혜

누구에게나 노년의 시기가 온다. 인생의 노년은 자기 한계의 시간이기도 하다. 몸은 힘들어지고 이제 더는 자기 뜻대로 삶을 계획할 수 없는 무기력과 쓸모없음을 경험하는 시기이기도 하다. 몸의 기력과 자신의 의지와의 균열로 인해 불가피하게 삶의 리듬과 평형이 깨지는 순간을 경험하기도 한다. 또한 노년의 삶은 인간적·사회적·직업적 가족의 삶이 순환되는 질서 속에서 고립되고 의존적인 존재로 살아가는 시기일 수도 있다. 그래서 불가피하게 죽음을 향해 다가가는 노년의 삶은 무엇보다도 자기 존중을 위한 자기 돌봄과 타인의 돌봄이 있어야 하는 시기이다.

우리의 인생에서 노년은 원숙의 시간이기도 하다. 자기의 삶을 뒤돌아보며 지금까지 이어온 이야기가 종합되고, 그 속에 자기다운 인품이 깊어지는 시기이다. 어쩌면 인생의 노년은 지금까지 살아오면서 육화된, 넘쳐나는 삶의 지혜를 가족과 사회적 삶 속에 나누는 의사소통의 시간일 것이다.

또한 늙어가는 과정에서 질병, 상실 등으로 인해 죽음으로 향한 인간 실존의 체험이 일어나며, 죽음을 넘어서는 초월과 내세의 믿음이 깊어지는 시기일 수도 있다. 그래서 인생의 말년에 우리는 자기 삶의 이야기를 통합시켜 나가면서 삶의 의미에 대한 자기 성찰이 깊어지고 초월의 세계를 예감하는 순간들을 기다릴 수 있는 것이다.

과연 내 삶의 흔적이 이 세상에서 살아있는 자의 기억 속에 어떻게 남을 수 있는가? 내 삶의 이야기를 다시는 돌아오지 못할 이 세상에 맡기면서 어떻게 저세상에 대한 예감의 순간을 맞이할 수 있는가?

인생에서 어느 틈엔가 우리 앞에 성큼 와 있을 노년은 자기 몸의 무능력과 사회적 역할의 상실, 미래의 삶을 계획할 수 없음을 경험하게 한다. 또한 함께 살아온 배우자나 친구와의 사별을 통해 죽음에 다가가는 인간 실존의 한계를 경험하는 것이다. 그러나 다른 한편으로 노년은 세상을 바라보는 지혜와 관용과 삶의 통찰이 깊어지는 자기 통합의 시기이기도 하다. 그래서 인생의 말년은 자기다운 인품이 깊어지고 오랜 세월 육화된 삶의 지혜를 사회적 인간관계가 이루어지는 삶 속에서 베풀고 물려주며, 세대 간 소통의 중심에 서는 시기이기도 한 것이다.

노년의 삶을 어떻게 보낼 것인가? 이것은 결국 우리 인생의 과제이기도 하다. 한국 전통사회에서의 노인 돌봄은 몸이 편안하고 친숙하게 거주할 수 있는 환경을 만들어주고, 가족과 사회적 친밀한 관계 속에서 어른의 역할을 존중하며, 좋은 죽음을 맞이하도록 도와주는 데 있었다. 그러나 오늘날 과거의 가족이나 지역사회 단위에서 이루어졌던 노인 돌봄은 급격히 사회적 돌봄으로 전환되고 있으며, 노인들의 거주 환경도 제도권의 병원이나 요양 시설 등 낯선 공간으로 바뀌어 가고 있다.

그래서 노인 돌봄이 급격히 사회적 공적 제도로 전환되는 시점에서 죽음에 이르기까지 잘 거주하며 자기다운 삶을 유지하며 산다는 것이 무엇인지를 성찰하는 것은 무엇보다도 의미 있는 일인 것이다.

이 글은 우선 인간이 늙어가는 것과 생활세계에서 거주로서의 자기 돌봄에 대한 의미를 고찰해 보기로 한다. 그리고 자기 삶의 거주 공간에서 삶의 역사로 이어져 온 신체의 기억이 노년의 자기 돌봄에 어떻게 작용하는지 살펴본다. 그래서 노년의 자기다움을 유지하기 위하여 자기 삶의 역사가 담긴 몸의 기억을 어떻게 보존하고 활성화할 수 있는지에 대한 노인 돌봄과 거주 환경에 대해 생각해 보기로 한다.

1. 자기 돌봄과 거주

인간이 늙어간다는 것은, 인간은 신체를 지닌 취약한 존재로서 자기 자신에 대한 돌봄과 다른 사람의 돌봄을 받으며 살 수밖에 없음을 의미한다. 세네카에 따르면 인간에게서 자기 돌봄(cura sui)은 삶의 기술이며 자기 삶을 꾸려나가는 삶의 기본적 방식이다.[54)]

우리 삶에서 노년은 자기 몸이 늙어가는 것을 인식하면서 생리적 노화나 병적인 노화를 경험하게 되는 시기이다. 생리적인 노화는 불가피한 생명의 자연스러운 흐름이며 전 생애 동안 지속적으로 서서히 진행되는 과정이지만, 병적인 노화는 각종 질환 발병의 소지가 커지는 노화인 것이다. 특히 몸이 늙어간다는 경험은 자기 몸을 생활세계에서 뜻대로 움직일 수 없어서 삶을 꾸려나가는 자기 돌봄의 결핍을 경험하게 한다. 이것은 자기 몸의 자유가 제한되고 기동력이 떨어지기 때문에 생활세계에 친숙하게 거주할 수 있도록 타인의 보살

54) 자기 돌봄은 바로 삶에 대한 기술, 즉 삶을 꾸려 가는 자기 처신과 관계한다. 세네카는 자신의 수필집에서 '진실한 건강과 자신의 돌봄'에 대한 활동들을 1. 몸무게 관리, 2. 음식과 음료수, 3. 운동, 4. 읽기, 말하기, 듣기, 5. 노동과 이완으로 기술하였다. 몽테뉴는 건강이란 '나의 습관적 상태를 방해받음 없이 유지하는 것'이라고 했다. 이러한 자기 돌봄의 유형은 바로 일상생활에서 자기 삶의 방향을 찾는 것이다(M. W. Schnell, *Ethik als Schutzbreich*, Huber, Bern 2008, S. 26~27).

핌이 필요함을 의미하는 것이다.

그렇다면 생활세계에 거주할 수 있는 인간의 자기 돌봄이란 무엇인가? 유한한 신체를 지닌 인간 존재 방식으로서의 '자기 돌봄'에 대한 사유는 특히 하이데거의 철학에서 발견할 수 있다. 그에게서 인간의 거기 있음, 즉 죽을 자로서 대지 위에 거주하는 인간 현존재의 특징은 보살핌(Sorge, cura)이다.

보살핌이란 무엇을 자신의 본질 속에 있게 하고, 무엇을 자신의 본질 안으로 되돌려 감추게 하며, 그것을 손상으로부터 지키며 보호하는 것이다. 자신에게 맡겨진 존재를 지키고, 감시하고, 존재 가까이에서 체류하고 숙고하고 염려하는 것으로 인간 현존재의 방식이다.[55] 따라서 인간이 자기를 돌본다는 것은 '죽음으로 가는 존재'로서 자기의 존재 가능성에 대해 늘 관심을 가지며, 이해하고 결정하며 실존하는 것을 의미한다.

특히 하이데거는 자신의 후기 사유에서 존재의 근원적인 진리가 발생하는 '터'에 '거주함'으로서의 보살핌이라는 의미를 강조한다. 즉 인간이 자신의 터에서 자신을 보살피면서 사는 방식이 거주함이다. 인간이 몸담은 터에 거주한다는 것

---

55) M. Heidegger, *Sein und Zeit*, Max Niemeyer, Tuebingen, 1985, 117.

은 '인간이 하늘 아래, 땅 위에서 사물들 곁에 친숙하게 머물고, 사물들을 모으며, 만물의 보호자'로 존재하는 것을 의미한다. 따라서 지상에 거주하는 자로서 인간은 '존재의 열린 장 가운데서 대지와 하늘 그리고 신적인 것과 사멸한 자를 가깝게 모아들이는 사물들 곁에 친밀히 거주하면서, 사방세계를 소중히 아끼고 돌보며 이러한 사방을 사물들 속으로 참답게 보살피는 자'이다.[56]

여기서 사방세계란, '대지와 하늘, 신적인 것, 이웃으로서의 죽을 자들'을 말한다. 따라서 거주함이란 '죽을 자들'로서 인간들이 하늘 아래 이 땅 위에서 존재하는 방식, 즉 자신을 돌보는 방식이다. 이것은 세상을 살면서 자신을 에워싸고 있는 사방세계와 참된 관계를 맺음과 동시에 삶의 자리를 짓는 행위이다. 그래서 저마다 구체적 삶의 자리를 짓는다는 자신을 에워싸는 사방세계와 더불어 죽을 자로서의 자신을 이해하며 이 세계 안에서 잘 거주하는 방식, 즉 자기 보살핌의 방식인 것이다.

---

56) M. Heidegger, *Vortraege und Aufsaetze*, Pfullingen, 1985, 146.

2. 노년과 자기 돌봄

노인의 보살핌에 있어서 가장 중요한 것은 몸이 처해있는 친숙한 생활세계에 거주할 수 있도록 돕는 것이다. 서서히 진행되는 생리적인 노화나 갑작스러운 병리적 노화 등으로 인한 몸의 체험은 자신의 의도와 의지를, 몸을 통해 매 상황에서 실현할 수 없다는 좌절감을 낳게 한다.[57]

특히 만성질병에 시달리는 노인들의 신체적 곤경 상태는 몸의 기력 쇠퇴뿐만 아니라 자신을 지속시켜 온 자기 거주 방식의 위협에 대한 체험이다. 또한 몸이 불편해지면 일상적으로 반복되는 사회적 삶의 리듬과 친숙한 주위 세계와의 관계로부터 이탈되는 소외를 경험한다. 자식들의 분가, 사별 등에 따른 가족의 해체와 정년이나 퇴직 등으로 인한 사회적 역할의 변화는 생활세계와 친밀한 관계를 맺으며 살아온 삶의 방식에 위협을 경험하게 한다. 즉 몸의 부자유로 인해 자기 뜻을 이 세상에 더 이상 펼칠 수 없다는 생각은 지금까지의 자기 안에 머물러 온 삶의 방식에 대한 단절을 체험하게 한다.

인생의 말기에 자기가 살아온 터에 거주하는 자기 돌봄의

---

57) 공병혜, "한국사회와 말년의 철학적 의미", 《오늘의 문예비평》, 산지니, 2008, 33.

방식은 일상생활을 할 수 있는 몸의 능력을 보존하고, 자신이 할 수 있는 사회적 역할을 통해 자기 존중을 유지하는 것에 있다. 특히 일상적으로 반복되는 삶의 리듬에 적응하고 거기서 자기 역할에 몰두할 수 있는 능력을 유지하는 것은 가족이나 사회라는 인간관계 속에서 상호 보살핌을 주고받을 때 가능하다. 사회적 관계에서 자기 가치나 역할에 대한 상실감은 결국 지금까지 살아오면서 형성해 온 삶의 정체성에 대한 회의를 느끼게 하기 때문이다.

그래서 노년의 삶에서 자기 돌봄은 나와 관계를 맺고 있는 다른 사람들과의 관계 속에서의 나는 누구이며 어떤 의미와 가치를 지니는가, 하는 자기 존중과 관계가 있다. 즉 자기 삶의 의미가 다른 사람들을 위한 삶 속에서 부여되고, 다른 사람들의 삶의 의미가 자신의 삶 중심에 있을 때, 자기 존중은 다른 사람을 위한 삶 속에서 실현된다.

결국 노년 삶의 자기다움은 자신과 관계를 맺고 있는 주위 세계의 사람들과 사물들과의 관계 속에서 서로의 의미와 가치를 부여하는 상호 보살핌의 관계를 통해 유지되는 것이다.

이렇듯 노년의 삶에서 자기 거주의 위협은 몸이 관계 맺고 있는 주위 세계로부터 자신의 존재 의미가 상실되는 경험이다. 이러한 상실의 경험은 삶에 의미를 부여했던 가족이나 사회의 관계망으로부터 자기 역할에 대한 존중과 보호 그리고 보살핌을 서로 주고받지 못할 때 발생한다. 그래서 말년의 삶에서 자기를 보살핀다는 것은 자신이 처한 터로서의 친숙한 생활세계 속에서 자기 몸의 능력을 보존하고, 인간 상호 관계의 친밀성을 나누며, 자기 진실성 속에 머무는 거주 방식인 것이다.

이처럼 자기 자신의 진실성에 머물며 자신의 터에 거주하도록 도와주는 돌봄의 태도는 노인 돌봄을 실천하기 위한 방향을 제시해 준다. 이러한 터에 거주함으로써 돌봄에 대한 사유는 우리 사회에서 진정한 노인 돌봄이 무엇인지 생각할 수 있게 해준다.

3. 거주로서의 노인 돌봄

노년의 자기 거주 위협은 관계를 맺고 있는 사방세계로부터 자신의 존재 의미가 상실되는 실존적 경험이다. 그래서 그 터에 거주하도록 하는 돌봄이란 우선 자기 관심, 생활 습관, 가치관이 육화된 자기 몸의 능력을 보존하고, 자신과 관계를 맺고 있는 주위 세계의 사람들과 사물들과의 상생적 관계 속에서 의미와 가치를 부여받는 삶인 것이다.

하이데거에 따르면 노년의 자기 돌봄 사유는 인간이 '죽을 자(der Sterbliche)'로서 대지 위에 거주하는 방식과 관계가 있다. 즉 인간이 자기를 돌본다는 것은 '죽음으로 가는 존재'로 자기의 존재 가능성에 대해 늘 관심을 갖고, 이해하고 결정하며, 실존하는 것을 의미한다. 인간은 이 세상에 몰두하면서 존재의 불안이라는 고통으로부터 도망치며 죽음을 망각하고 억압하며 살고 있지만, 인생의 말년에는 죽을 자로서의 자기 실존의 한계에 부딪히는 경험을 하게 된다.

특히 하이데거가 말한 지상에 거주하는 자로서의 인간은 '존재의 열린 장 가운데서 사방세계를 소중히 아끼고 돌보며, 이러한 사방을 사물들 속으로 참답게 보살피는 자'이다.[58] 여기서 사방세계란, '대지와 하늘, 신적인 것, 이웃으로서 죽을 자들'을 말한다. 거주함이란 '죽을 자들'로서 인간들이 하늘 아래에서 이 땅 위에서 존재하는 방식, 즉 자신을 돌보는 방식인 것이다.

노년의 삶에서 경험하게 되는 사랑하는 사람과의 사별 경험은 떠나는 자의 죽음의 순간 기억을 자신의 실존적 자각의 계기로 삼을 수 있다. 즉 죽을 자로서 자신을 인식하면서 자신을 에워싸고 있는 사방세계와 참된 관계를 맺는 것이며,

58) M. Heidegger(1985), 146.

동시에 삶의 자리를 짓는 행위가 곧 거주로서의 돌봄이다. 그래서 노년의 삶에서 각자가 구체적인 삶의 자리를 에워싸는 사방세계와 더불어 죽을 자로서의 자신을 이해하며 이 세계 안에서 거주하는 방식이 자기 보살핌이다.

이러한 거주로서의 자기 돌봄은 특히 우리 사회의 전통적인 노인 돌봄 문화에서 중요한 의미를 지닌다. 우리의 전통사회에서 노인에 대한 돌봄 행위는 가족과 그 가족이 속한 지역사회에서 이루어진다.

1차 집단은 가족 돌봄으로 부모와 자식 사이에 상호 호혜적이며 위계적 질서를 가지고 있다. 자손은 부모에 대한 은공의 보답으로 노부모를 돌보아야 하며, 노인의 신체적·영적·정서적 측면을 총체적으로 보살핀다. 2차 집단은 노인이 거주하는 마을에 사는 친족이나 친구들이다. 그들은 가족에서 충족시킬 수 없는 사회적 소속감과 연대감을 통해 친밀한 인간관계를 유지하며 안정감을 얻는다. 노인 돌봄에서 특히 중요한 것은 사후 세계의 영혼 평안을 도모하기 위한 돌봄이다. 이것은 자리와 옷, 물질을 준비해 주는 것이다.

우리 전통사회에서 돌봄 문화는 자기가 살던 처소에서 땅을 구원하고 하늘을 받아들이며, 조상을 섬기고 남녀노소가 서로 의존적인 관계 속에서 정(情)을 나누며 주위를 에워싼 사방세계를 받아들이는 삶 속에서 형성되어 왔다. 이러한 문화는 특히 사물과 이웃을 가까이 모으면서 열린 사방세계와의 상생적 관계 속에서 자기 존재의 의미를 보호받고 존중받으며 죽음에 다가가는 거주로서의 돌봄 방식이라고 할 수 있다.

4. 몸의 기억과 자기 돌봄

몸이 늙어간다는 경험은 몸의 부자유를 경험하는 것이며, 이는 또한 지금까지 살아왔던 익숙한 거주 방식의 변화를 경험하는 것이다. 노인의 '자기다운' 삶의 지속을 위해서는 자기 몸의 변화에도 스스로 몸의 능력을 유지할 수 있도록 거주 환경을 갖추는 것이 중요하다. 손상되고 무력해진 몸이 주위 환경을 감지하고 반응할 수 있도록 노인의 몸 습관에 익숙한 환경과 접촉하게 하는 것이다.

노인이 자기 몸의 능력을 유지하기 위해서는 지금까지 살아온 몸 습관을 이해하는 것이 중요하다. 노인의 몸 습관은 몸의 기억으로 상황 상황마다 즉각적으로 깨어나 작동한다. 여기서 몸의 기억이란 감각적 지각과 운동 습관, 거주 공간 그리고 다른 사람과의 신체적 상호작용을 통해 비의지적이며 무의식적으로 형성된 삶의 역사가 담긴 자기 정체성의 기반이 된다.

노인 돌봄에서 몸의 능력을 보존하도록 도와주기 위해서는 지금까지 살아왔던 자기다운 삶을 유지하고 자기를 신뢰할 수 있는 거주 환경을 조성해 줘야 한다. 그 거주 환경이란 자기 정체성의 근원이 되는 삶의 역사가 침전된 몸의 기억이 일깨워지는 곳이다. 이는 집과 같은 친숙한 삶의 도구들이 있는 물리적 공간뿐만 아니라, 신체적 상호작용이 일어나는 가족을 포함한 사회적 인간관계 모두를 포함한다.

그렇다면 과연 몸의 기억이란 무엇인가? 몸의 기억이 어떻게 거주 환경에서 자기 정체성의 기반으로 작동하는지 살펴보기로 한다.

오늘날 인지심리학에서는 기억의 유형을 '명시적 기억'과 '암시적 기억'의 형태로 구분하여 탐구하고 있다. 명시적 기억이 의지적으로 과거를 재현시키는 반면, 암시적인 기억은 몸의 기억으로 지금 할 수 있는 행위로 실현된다. 특히 이러한 몸의 기억에 대한 현상학적 접근은 모리스 메를로 퐁티의 《지각의 현상학》에서 전개되었다.[59] 거기서 몸의 기억은 지각 습관과 운동 감각, 상황과 거주 공간 그리고 다른 사람과의 신체적 상호작용 속에서 형성된 행위 구조 속에 침전되어

---

59) 모리스 메를로 퐁티 저, 류의근 옮김, 《지각의 현상학》, 문학과 지성사, 2002.

평생 개인의 삶에 영향을 미친다.

이러한 몸의 기억은 상황 속에 놓인 인간의 존재론적 실천 능력의 토대가 되는 몸 습관과 소질들의 총체성을 의미한다. 이는 근원적으로 세계와 소통하며 지속적으로 자기 자신으로 신뢰할 수 있는 기반임과 동시에 한 개인이 살아온 삶의 총체적 역사가 담긴 자기 정체성의 근원이 되는 것이다.

이러한 비의지적인 몸의 기억은 다양한 방식으로 우리 삶에서 드러난다. 재현적인 기억이 의식적으로 과거의 어떤 경험을 다시 현재에 나타나도록 이미지를 불러내는 작용을 하지만, 몸의 기억이란 의식적인 노력이 없이도 과거에 경험한 모든 사건을 항상 자연발생적으로 현재 속에서 작동한다. 현상학자인 모리스 메를로 퐁티에 따르면, 몸의 기억을 담고 있는 몸 습관은 우리를 특정한 방식으로 세계를 향해 나아가게 하는 모든 운동적·지각적·인지적·정서적 능력을 포함한다. 몸이 거주하는 세계를 향해 작동하는 몸의 지향성으로서 몸의 기억은 다양하게 현상되는 운동 습관, 공간 경험, 신체적 상호작용 등의 형식들을 지닌다.

자기 자신에 대한 명시적인 회상은 과거를 단지 부분적으로 지나간 것으로 재현하지만, 몸의 기억은 종합적이며 전체적으로 과거를 지금 생동하는 현재로서 전달한다. 즉 평생 형성되는 몸의 기억은 개인의 운동이나 지각 습관 그리고 행위 구조에 영향을 미치며 자기 자신을 변화하게 한다. 그래서 몸의 기억은 각각의 자연적이며 문화적인 환경에 동화되고, 거주 공간에 뿌리내리며, 자기 존재를 신뢰하게 하는 자기 지속의 기반이다.

우리의 거주 공간에서 형성된 몸의 기억이 침잠되어 있는 몸 도식과 습관들은 일종의 지속성과 신뢰성을 가지고 자신의 인격이 되어가며, 모든 외적인 변화에도 그대로 그 개인으로 머물게 한다. 마르셀 프루스트는《잃어버린 시간을 찾아서》에서 몸 습관에 대해 다음과 같이 말한다.

> 습관, 능숙하면서도 느린 이 조정자는 자신 머무는 숙소에서 몇 주 동안 우리를 고통스럽게 하다가 우리가 찾아내면 행복해지는 그런 것이다. 습관의 도움이 없이 정신이 가진 수단만으로는 우리의 거처를 살만한 곳으로 만들 수 없기 때문이다.[60]

이러한 몸의 습관은 결국 자기 몸의 신뢰를 가져오며, 자신이 사는 공간을 신뢰할 수 있는 거주로 만든다. 몸 습관과 몸의 기억 구조 속에서 바로 정체성의 기반이 되는 자기 지속성이 구현되는 것이다. 자기 존재 통일성의 기반이 되는

60) 마르셀 프루스트 저, 김희영 옮김,《잃어버린 시간을 찾아서》제1권, 민음사, 2012. 24.

몸의 기억은 냄새와 맛, 익숙한 멜로디 혹은 신뢰하는 장소의 분위기라는 특별한 지각의 방식으로 과거를 현재에 활성화하며, 기억을 가장 강력하게 실어 나른다.

마르셀 프루스트는 《잃어버린 시간을 찾아서》에서 과거 기억의 그림들이 펼쳐지기 전에, 그의 어린 시절 맛보았던 홍차와 만델링의 냄새를 통해 일종의 강력한 행복감을 경험한다. 이러한 냄새를 통해 되살아나는 몸의 기억은 '내 정신이 결코 망각해서는 안 되는 과거의 충실한 수호자'인 것이다.[61] 이것은 본래의 자기로 항상 되돌아갈 수 있는 신체적 자아라는 자기 신뢰의 지점이다. 몸의 기억이란 바로 이러한 자기 정체성의 근원인 신체적 자아의 전반성적인 자기 체험의 근원지라 할 수 있다.

개인의 과거 자기 체험의 역사는 현재화되는 몸 기억의 시간적 연속성 속에서 통합된다. 특히 과거의 충실한 수호자인 습관적 몸은 항상 개인의 역사를 이해하는 출구가 된다. 그래서 인격의 지속성은 바로 거주 공간과 상황 속에서 형성된 몸의 기억 속에 암묵적으로 현전하는 몸의 역사에서 나오는 것이다.

즉 몸의 기억은 탄생부터 신체의 중단 없는 '시간성'과 몸

---

61) 마르셀 프루스트(2012), 19.

이 놓여 있는 거주 공간과의 통일적인 맥락 속에 존재하는 것이다. 자기반성과 의식적인 자기 회상에 의한 개인 정체성의 의미는 결국 몸의 기억이 지닌 자기를 지속하게 하는 신뢰성을 바탕으로 한다. 따라서 개인의 정체성에는 암시적인 몸의 기억과 이를 바탕으로 한 자기반성적인 자전적 기억이 함께 존재하는 것이다.

5. 몸의 기억과 노인 돌봄

인간이 노화 과정에서 두려워하는 것 중의 하나는 인지능력이 상실되는 치매 현상이다. 노화 과정에서 나타나는 치매의 초기 증상은 의식적 합리성을 동반한 명시적인 기억들이 점차 사라지는 것이다. 그러나 치매에서 암시적인 기억의 폭넓은 영역은 질병의 후기 단계에 이르기까지 그렇게 손상되지 않는다.[62]

예를 들어 치매 환자에게서 운동감각의 습관에 속하는 진행적 몸의 기억이나 상황에 대한 기억, 특히 후각이나 미각,

---

62) T. Fuchs, "Das Leibgedaechtnis in der Demenz", in: A. Kruse (Hrsg.) *Lebensqualiitaet bei Demenz. Zu, gesellschaftlichen und individuellen Umgang mit einer Grenzsituation im Alter*, Akademische Verlagsgesellschaft Heidelberg 2010, 231~241.

청각 등 소환되는 몸의 기억을 발견할 수 있다.

몸의 현상학적 기술에 따르면, 이러한 기억의 떠오름은 자신이 몸담고 살았던 익숙하고 친숙한 주위의 환경조건과 결합해 있다. 그래서 주위 환경에 놓인 사물들의 이름과 그것의 작용을 더 이상 말할 수 없다고 할지라도, 일상생활에 관한 진행적 기억(식기 다루는 것, 옷 입는 것 등)은 아직 남아있다.

마찬가지로 개인의 삶에 친숙한 주위 상황, 음성, 멜로디, 냄새 등은 단지 이에 상응하는 감정만을 일깨우는 것이 아니라 직접적으로 파악이 어려워 거부되는 의식 밑에 침전된 몸의 기억을 자주 일깨운다. 그래서 삶의 과정에서 환경과의 상호 소통을 통해 형성된 익숙한 몸 습관에 대한 이해는 치매를 앓고 있는 노인을 위해 어떻게 확실한 돌봄과 지원을 할 것인가에 대한 치료적 방향을 제시할 수 있다. 몸의 도식에 침전된 몸의 기억은 환경과의 자기 신뢰를 발견하여 남아있는 능력을 촉진하기 때문이다.

따라서 노인 돌봄에서 가장 중요한 과제는 몸 습관에 내재한 신체적 자아의 지속성을 보증해 주는 몸의 기억들이 활성화될 수 있는 거주 공간을 유지하는 것에 있다. 그래서 이들에게 신체적 자아의 정체성을 지속시킬 수 있는 친숙한 거주 공간에 살게 하는 것이 중요하다. 이는 노인의 불안이나 공격성을 감소시킬 뿐만 아니라, 그들 자신의 고유한 활동성을 보존할 수 있도록 지원하는 것이다.

개인의 자기 지속은 삶의 역사가 침전되어 지금 현재화되는 몸의 기억을 바탕으로 한다. 그래서 만약 치매라는 질병이 자신의 명시적인 기억을 빼앗았다고 할지라도, 그는 항상 자기 몸의 기억을 간직한다. 그가 이러한 친숙성의 근원에 대해 전혀 그 증거를 제시하지 못하고 자기 역사를 더 이상 이야기할 수 없다고 할지라도, 그 삶의 역사는 친숙한 눈길, 냄새, 접촉 그리고 자기 삶의 환경과 사물 속에 남아있다. 신체적 자아의 감각은 그 개인을 지속시키는 담지자가 되어 가는 것이다.

그래서 노인 돌봄에 있어서 의식적인 기억에 의존하는 것이 아닌 자신에게 친숙한 몸의 기억을 일깨워 주는 거주 공간이 중요한 것이다. 특히 익숙한 거주 공간에서 오랫동안 형성된 몸 습관은 자신의 지속성과 신뢰의 감정을 세워나가도록 해준다. 매일 계절과 관계하는 일들, 식사 습관, 놀이, 음악, 가족과의 대화 혹은 삶에서의 리듬, 잘 아는 익숙한 산책길은 그들을 평온하게 하고 자신에게 돌아오는 신뢰와 안전한 삶의 기분을 환기한다.

특별히 감각을 자극하는 익숙한 음식의 냄새, 음악, 신체적 접촉과 분위기들은 정서를 동반한 몸의 기억을 일깨워 기억의 빛이 바랜 과거 삶의 장면들을 연결해 무의식적으로 자기 신뢰의 감정을 느끼게 한다.

또한 타인과 몸의 상호 교류를 통해 형성된 몸의 기억은 자신의 생애 동안 체험된 것을 지속하기 위한 중요한 원천을 형성한다. 그래서 언어적·인지적 능력을 상실한 환자에게 감정적이며 신체적인 표현은 더욱 강력한 소통방식으로 나타난다. 심각한 치매 증상에서도 환자는 언어적 소통 능력이 없어도 몸짓으로 표현하며, 자기들의 상태나 소망에 대한 차별적인 정보를 제시할 수 있다. 이들은 더욱 민감하게 억양, 동작의 움직임, 제스처에서 다른 사람과의 관계 수준을 느끼고, 이에 대해 비판 혹은 거절에 대해 섬세한 표현으로 민감하게 반응한다.

치매 노인의 경우 언어적·인지적 차원에서 이미 다소 심각한 소통의 장애가 온다고 할지라도, 여전히 암시적인 앎과 인간 상호 관계와 접촉에 의한 기억은 잠재되어 있다. 그들은 인간 상호 교류에 있어서 의식적 사고에 의한 규범에 적응할 수는 없지만, 자신들이 육화된 친숙한 사회적인 습관이 무의식적으로 작용한다. 이러한 친숙한 교류의 형식들은 다른 사람들과의 정서적인 관계를 세워주고 신체적 상호작용을 통해 자기 자신에 대한 신뢰를 얻게 한다. 치매 환자의 뇌를 단지 집중적인 인지 훈련이나 약물로 치료해야만 하는 손상된 기관으로 간주해서는 안 된다.

따라서 치매 노인을 돌보는 사람은 그 삶의 이야기들로부터 신체적 자아 속에 침전된 몸의 기억이 활성화될 수 있는 지속적인 실마리들을 발견할 수 있고 이로부터 발생하는 그들의 반응을 해석할 수 있다. 지속적인 몸의 기억을 일깨워주는 돌봄은 치매 환자를 에워싸는 환경에 반응하는 자기 몸의 정체성에 대한 신뢰를 줄 수 있다.

치매 노인들이 엮어 낸 삶의 이야기들은 삶의 각 계기에서 우연적이거나 극단적인 기억의 조각들로 단절되거나 파편화되어 지속성과 통일성이 없다. 그래서 그들을 보살피기 위해서는 그들의 삶의 이야기가 어느 정도의 지속성과 통일성을 지닐 수 있도록 그들과 삶을 함께한 사람들로부터 그들의 이야기를 엮어 낼 수 있어야 하는 것이다.

그래서 치매 노인을 돌보는 자들은 그의 가족으로부터 삶의 이야기를 듣고 그의 삶의 이야기를 이어가게 하는 실마리들, 즉 좋아하는 음식의 냄새, 음악, 배우자 사진이나 그가 아끼는 장식품 등에 의해 몸의 기억을 일깨워 과거로부터 이어져 온 삶의 이야기가 존중받으며 지속적으로 이어질 수 있도록 해야 한다.

그들의 삶의 이야기가 단절되거나 파편화되지 않고 지속되도록 하는 방법은 가능한 새로운 환경과 낯선 것들을 줄이고 개인 삶의 근원을 향해 자기에게로 돌아오는 몸의 기억을 일깨워 줄 수 있는 거주 환경을 조성해 주는 것이 무엇보다도 중요한 것이다.

나의 몸 기억은 일상의 삶을 수행하기 위한 자기 이해의 근원이며, 동시에 의식적인 행위의 배경에서 세계에 대한 근원적인 신뢰를 자명하게 드러낸다. 몸의 기억은 언제나 삶의 세계에 닻을 내리고 있고, 우리가 세계에 거주하도록 매개해 주는 몸의 능력이다. 이러한 삶의 거주 공간에 정박해 있는 몸의 기억은 우리가 지각하고 느끼고 행위하는 기반인 몸 습관 속에 침전되어 있으며, 개인이 살아온 삶의 역사가 담긴 자기 정체성의 근원이 되는 것이다.

따라서 인격의 지속성은 스스로에 대해 이야기한 것을 통해서만 확인되는 것이 아니라, 암묵적으로 침전된 개인의 역사가 지금, 현재화되는 몸의 기억에서 근본적으로 확인된다. 특히 냄새와 맛과 상황과 신체적 상호작용에 의해 촉발되는 인간의 몸 기억은 우리가 항상 되돌아가는 전반성적인 자기 신뢰의 지점이다. 그래서 한 개인 삶의 서사나 자서전적으로 매개된 자기 정체성도 결국 이러한 자기 몸의 기억이 지닌 신체적 정체성을 바탕으로 형성되는 것이다.

이러한 몸의 기억에 대한 이해는 총체적인 몸의 능력을 보존하여 생활세계에 거주할 수 있도록 도와주는 노인 돌봄을 위한 치유 환경과 돌봄의 방향을 제시해 줄 수 있다. 노인 몸의 능력을 보존하고 회복시켜 준다는 의미는 그들이 지금까지 살아온 삶의 환경과 엮여 있는 생활 습관, 가치관, 관심 등이 통합적으로 육화된 자기 정체성의 기반인 몸의 기억을 일깨우고 회복하는 데 있다.

언어적·인지적 차원에서 소통에 어려움이 있을지라도, 노인들 자신이 육화된 신체적 교류의 형식들은 다른 사람들과의 정서적인 관계를 세워주고 자신에 대한 신뢰를 얻게 한다. 그래서 노인을 돌보는 사람들은 개인 삶의 시간을 거슬러 몸의 기억 속에 침잠된 진행적·상황적 인간관계의 상호 접촉에 대한 기억을 일깨워 세계와 소통하는 몸에 대한 신뢰와 친근함을 갖게 하는 것이 무엇보다도 중요한 것이다.

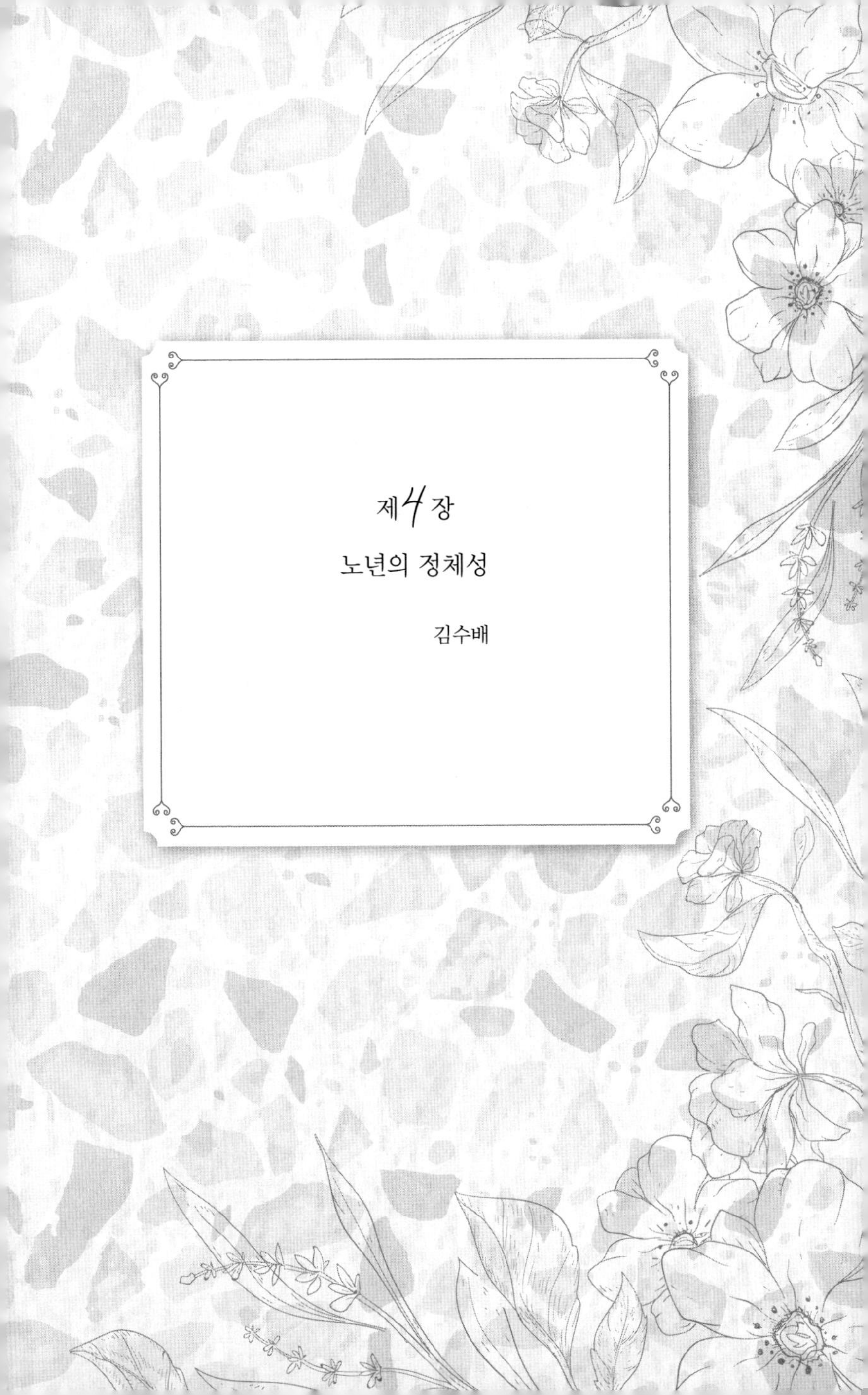

제4장

노년의 정체성

김수배

'노화'나 '노년'의 개념이 철학적 탐구의 대상이어야 하는 까닭은 무엇인가? 철학의 역사를 어느 정도 공부해 본 사람이라면 "어째서 노화를 본격적으로 다룬 철학 문헌은 찾아보기 어려운 것일까?"라는 물음이 훨씬 더 자연스럽다고 생각할 것이다. 노화를 본격적으로 다룬 철학 작품은 생각보다 훨씬 적다.

지난 세기 중반, 노년에 관한 방대한 저서를 남긴 시몬 드 보부아르는 '늙음'을 '금지된 주제'로 규정했으며, 노년에 관한 심도 있는 연구서를 쓴 스몰은 노년 또는 노화를 철학적으로 다룬 글들이 대체로 저서라기보다 에세이, 서간문, 짤막한 문단들이나 경구들에 불과하다는 특징을 지적했다.[63] 이 같은 현상의 원인에 대한 진단 역시 학자들 사이에서 일반적으로 일치한다고 여겨지는데, 근대 이전까지 철학자들

63) 시몬 드 보부아르 저, 홍상희·박혜영 옮김, 《노년-나이듦의 의미와 그 위대함》, 책세상, 2002, 8; H. Small, *The Long Life*, Oxford, New York: Oxford University, 2007.

은 노화보다는 죽음을 더 심각한 철학적 문제로 간주했기 때문이다.

고대나 중세에 살았던 사람들에게 죽음은 나이와 별 상관없이 누구에게나 가능한 경험 요소로 삶의 영역 안에 갈무리하는 노년에 대한 이해 그리고 인간 삶 전체의 의미를 이해하려는 노력은 존재했다. 예컨대 인류사의 이른 시기부터 인생을 탄생, 성장, 성숙, 쇠퇴, 죽음 등 시기별로 나누거나 일종의 순례 여행에 비유하여 인간적인 삶의 전체성과 통일성을 직관적으로 파악하고자 한 시도에 관한 기록은 적잖이 남아 있다. 길가메시(Gilgamesh), 욥(Job), 오디세우스(Odysseus), 아이네이아스(Aeneas), 오이디푸스(Oedipus) 등의 이야기가 그것이다.

아쉽게도 이 같은 전통은 19세기 이후 서구 사회에서 인구의 급속한 고령화 그리고 제2차 세계대전 이후 노인학과 노인의학의 등장으로 오히려 위축되는 양상을 보인다. 노화 과정에 대한 과학적 관리나 제어에서는 상당한 진전을 이루었으나 늙는다는 것이 무엇을 뜻하며 어떻게 늙어야 하는지, 더 나아가 노년을 인생의 정점으로 볼 수 있는지 아니면 그저 쓸쓸한 종말에 불과한지, 노인의 권리와 책임 그리고 미덕은 무엇인지, 또 '좋은' 노년이란 무엇을 말하는지 등과 같은 철학적 질문은 노화 관련 담론에서 이제 별 주목을 받지 못한다.

노화 또는 노인 개념에 대한 철학적 질문은 인간의 자기 이해라는 측면에서 인간학적 문제일 뿐만 아니라 생물학, 의학, 심리학, 사회학 등 개별 과학의 전제에서 자유롭게 현상 자체를 메타 학문적으로 바라보려 한다는 점에서 현상학적 과제라고도 할 수 있을 것이다. 모든 종류의 자기 이해가 원래 그렇듯, 여기서 다루고자 하는 "노화란 무엇이며, 노인은 누구인가?"라는 물음도 철학이 이슈화하기 정말 어려운, 상당한 정도로 성숙한 정신을 전제하는 주제처럼 여겨진다.

이 글은 이 같은 문제의식에서 먼저 현대 노화 관련 담론에서 주류로 받아들여지는 생물학적 노화 개념의 한계를 간략히 살펴본다. 이어서 인구 구조의 변화, 의학의 비약적인 발전, 에이징 산업화 과정 등에 의해 왜곡된 노년 인구의 정체성 문제를 검토하고, 소포클레스의 비극《콜로누스의 오이디푸스》에서 만날 수 있는 고대인의 대안적 관점을 요약한다. 그리고 개인이 노화 과정을 겪으며 자기 삶의 의미와 정체성을 규정하는 데 있어 결정적인 역할을 하는 시간·공간에 대한 철학적 이해의 필요성에 할애한다.

이 글의 문제의식은 이미 초고령사회 진입을 코앞에 둔 대한민국 인구 구조의 변화에 대처하는 전략이나 정책 개발과도 맞닿아 있음은 굳이 언급할 필요가 없다. 서로 다른 세대들 사이의 공시적인 이해의 관점을 잠시 괄호로 묶어두고 통시적인 관점에서 노화 과정이나 노년의 의미를 묻고 진지한 대화를 나눌 필요가 그 어느 때보다도 절실한 시점이라 여겨진다. 이는 단순히 인구통계학이나 사회학, 심리학 등 개별 과학의 접근법으로 해소될 수 있는 문제가 아니라, 인간 자신의 정체성에 관한 문제이고 당연히 철학적인 사안이다.

1. 생물학적 노화 개념의 한계

과학, 특히 생물학의 관점과 지식에 익숙한 현대인에게는 노화 개념을 철학적으로 문제 삼는 일 자체가 궤변의 시작으로 여겨질 수 있다. 근대 이래 '노화' 현상에 관한 통상적인 이해는 생물학 또는 생의학적 관점에 의해 주도되고 있다고 할 수 있다. 하지만 좀 더 자세히 들여다보면 이 관점조차 그 자체로 적지 않은 문제점을 포함하고 있을 뿐만 아니라 심지어 자기 모순적 요소를 내포하고 있다는 사실이 드러난다.

노화는 우리의 의지와 무관하게 일어나는, 죽음에서 종말을 맞는 내재적이고 불가역적이며 자연적 퇴화 과정이라는, 얼핏 자명해 보이는 설명조차 철학적 반성의 대상이 되자마자 적잖이 모호한 진술이라는 점이 분명해진다.

생명과학적 노화 개념에 대해 설득력 있는 물음을 제기한 에스파지토에 의하면, 노화 개념은 마치 원자 개념처럼 구체적인 문제 현상들을 과학적으로 탐구하기 위해 불가피한 용어이고, 또 이 개념 없이는 탐구에 착수할 수조차 없지만, "이 개념에 대해 숙고하면 할수록 그것은 더 모호해진다"라고 한다. 지난 세기, 생물학자들은 노화를 '불가역적인 방향으로 진행하는 (…) 세포 분화' 과정에서 나타나는, 상호작용을 하는 세포들 사이의 부조화 또는 유기체 성장주기 과정의 부수적 퇴화 현상 등으로 설명하기 시작했다. 또 현대의 노인학도 대체로 노화를 '죽음으로 종말을 맞는 생물학적 기능의 정상적이고 내재적이며 불가역적인 그리고 점진적인 퇴화'로 정의한다.[64)]

먼저 노화와 관련해서 정상적이라는 의미는 우리가 정상적으로 살아갈 경우, 예컨대 전쟁이나 급작스러운 질병으로 죽음을 맞지 않는다면, 노년에 이르러 죽게 된다는 의미일 것이다. 따라서 정상적인 노화란 갑자기 단기간에 걸쳐 우리의 생명에 치명적인 영향을 미칠 수 있는 사건이 개입하지

64) J. L. Esposito, *The Obsolete Self. Philosophical Dimensions of Aging*, Berkeley, Los Angeles, London: University of California Press, 1987, 10.

않을 경우 예상되는 과정이라 할 수 있다. 그러나 마치 의료 윤리에서 영웅적 또는 특별한 의료 조치의 기준이 시·공간 조건에 따라 달라질 수밖에 없듯이, 정상의 범위를 규정하는 기준은 자의적일 수 있다.

노화가 내재적인 퇴화 과정이라는 생각은, 유기체 안에 심어진 노화 프로그램이나 일련의 계획된 또는 통제된 에피소드들이 정상적인 환경 안에서 작동한다는 것을 의미할 수 있다. 하지만 생명을 출현시켰던 바로 그 정상적인 동일 환경 안에서 어떤 유기체는 성장하는 반면, 다른 유기체는 늙어간다. 물론 우리는 유기체의 생명이 그 유기체와 환경 사이의 다양한 교환 활동에서 성립하며, 늙은 유기체는 그 교환 활동을 어린 유기체에 비해 더 많이 한 것이고, 그 결과로 노쇠에 이르게 되었다고 할 수 있다. 그렇다면 이는 노화가 엄밀히 말해 내재적 과정일 수 없음을 뜻한다. 환경의 역할을 그저 중립적인 것으로 간주하기도 곤란하거니와 개체나 종으로서의 유기체가 스스로 노화를 유발하는 것이라고 말하는 것 역시 별반 도움이 되지 못하는 것처럼 보인다.

세포의 유전적 프로그래밍이 노화의 원인이라는 설명 또한 엄밀히 보면 결론 긍정의 오류에 해당한다고 볼 수 있다. 세포 안에 노화 유전자가 있을 때 세포가 노화 현상을 보이는 것이 참이라 할지라도, 세포가 노화 현상을 보인다고 해서 반드시 노화 유전자가 존재한다는 결론이 나오는 것은 아니기 때문이다.

유전자를 노화의 과정과 속도를 통제하는 시간 프로그램의 원인으로 간주하기보다는 오히려 탄생의 순간부터 시간을 재는 어떤 마음이 만든 그 프로그램의 결과로 보는 것이 더 적절할 수 있다. 또 동일한 유전자를 지닌 세포들이라도 위치 정보에 따라 노화 속도가 다르며, 개별 세포 차원의 노화 속도와 유기체 전체의 노화 속도의 차이도 설명하기에 곤란하다. 이뿐만 아니라 암세포의 증식 현상도 퇴화 과정과 연결 짓기 어려운 것처럼 보인다.

노화가 불가역적인 과정이라는 관점은 어떤가? 유기체는 창세기의 아담처럼 한 번에 성체로 창조된 것이 아니므로, 생명 역시 단순히 한 번 획득했다가 상실하게 되는 어떤 것이 아니다. 오히려 생명은 부재 또는 상실 상태에 있던 것이 한 번이나 그 이상의 기회에 다시 획득되어 나타나는 어떤 것으로 간주할 수도 있다.

만일 후자의 관점이 설득력이 있다면, 불가역적인 노화라는 개념은 충분히 의문시될 수 있다. 성장은 예컨대 새로운 구조와 능력을 획득하는 과정이기 때문에, 하나의 유기체가 지금 그것이 가지고 있는 구조나 능력을 원초적으로, 즉 처음으로 가지게 된 것이거나, 아니면 상실했던 것을 다시 획득해 가는 과정으로 볼 수 있기 때문이다. 후자는 말할 것도 없고 전자의 경우라 할지라도 노화의 전 과정에는 성장과 쇠퇴라는 상반된 방향성이 존재한다는 것이 더 적절한 판단이라 여겨진다.

일반적으로 구성된 어떤 것은 해체될 수 있고, 해체되었던 것은 재구성될 수 있다. 만일 재구성이 노화를 겪는 유기체에서는 불가능하다면, 어째서 그러한지 필요충분조건을 통해 명확하게 규정할 수 있어야 한다. 오직 어린 유기체만이 성장의 관점에서 구성될 수 있고, 나이 든 유기체는 더 이상 재구성될 수 없으며, 이것이 노화라고 주장한다면, 이는 '순환 논증'에 불과하다. 모든 유기체는 그 자체로 지속해서 변환을 겪되 파괴할 수 없는 물질로 이뤄져 있다. 또한 젊은이는 빠르게 치유되지만, 노인 역시 치유된다. 그렇다면 진정으로 불가역적인 과정을 그렇지 않은 과정과 구별하는 과제는 여전히 난제로 남아 있는 셈이다.

2. 노인의 정체성 문제

현대 사회에서 노인을 바라보는 시선 그리고 노령인구 관련 문제에 접근하는 시각과 관련해서 가장 두드러진 현상은 의학의 발달이나 의료 자원 보급의 확대와 더불어 노령인구, 더 나아가 노화 과정 자체를 통제하려는 시도다. 현대의 인구통계학적 구조가 보여주는 특징 중 하나는, 인류 역사상 최초로 인간의 취약성 그리고 가족 내 사망자의 발생이 한 집단, 즉 고령인구에 집중되고 있다는 사실이다.

이제 죽음은 예측 가능한 일, 다시 말해 예정된 시점의 사건으로 변했는데, 이는 결국 노년 및 노화 과정을 가급적 늦추려는 시도로 이어진다. 죽음이 언제나, 어떤 가족 구성원에게나 닥칠 수 있는 자연스러운 사건에서, 예측하고 대비할 수 있으며 의학적 개입을 통해 지연시키고 통제할 수 있는 사건으로 변함으로써 한 가족 내에서도 각 세대에게 기대하는 역할 역시 변했다고 할 수 있다.

가족 구성원들 사이의 정서적 지지보다는 공적 서비스가 제공하는 경제적 지지가 더 중요해졌음은 말할 것도 없고, 의료 자원을 위시해 사회의 경제적 자원을 분배하는 데서도 세대 간 이해관계를 조정해야 하는 어려움이 대두하였다.

이 같은 변화는 고령에 이르는 개인의 정체성에 관한 이해와 직결되어 있다. 이제 개인은 노화가 수반하는 소모성 질환조차 제어의 대상으로 간주하며 의료적 개입을 당사자의 신성한 권리로 인식한다. 그리하여 음식, 화장품, 약품, 의술은 물론이고 교육, 일, 심리 등 이른바 '안티-에이징'이라는 수식어가 붙는 대상의 범위는 계속 증가한다.

'노화는 전적으로 문제를 일으키고 속상하게 만드는 사건'으로 묘사되며, '가급적 젊음의 능동적 태도라는 망토 안에 숨겨야 하는 것'이라는 인식이 대세를 이룬다. 시장 경제는 '잘 늙어감(Aging Well)을 역설적으로 젊음을 유지함(Staying Young)으로 정의'한다. 그러나 정작 심각한 문제는 이처럼 의료나 시장 질서가 주도하는 현대의 노화 담론에 내재하는 폭력성이라 여겨진다.

무엇보다 노화는 유한성을 통제하려는 욕구에 관여하는, 즉 물리적 시간을 늦춰보려는 싸움을 유발하며 불편함을 주는 경험 이상의 의미를 찾기 어려운 획일적 현상이 되어버렸다. 그리고 그 싸움의 패자, 즉 노인은 천덕꾸러기 잉여 존재로 간주된다. 게다가 인류 역사상 유례없는 노령인구의 비대화는 돌봄과 은퇴 비용을 정치적 쟁점으로 만들고, 이는 다시 노화를 심각한 사회적 부담이자 위협으로 각인시키는 효과를 낳고 있다.[65]

노년에 관한 문제는 드 보부아르가 지적한 것처럼 결국 성

---

65) J. Baars, "Critical turns of aging, narrative and time", in: *International Journal of Ageing and Later Life*, vol. 7, Linkoping University, 2012, 159 참조.

년 층 인구 전체의 문제다.[66] 비록 노인을 제외한 대다수 성년 인구의 직접적 관심은 지금의 삶이고, 노화에 관한 관심은 기껏해야 앞에서 말한 통제 가능성과 관련해서 주로 재정적 관점에 제한되지만 말이다. 청년 또는 중년의 나와 노인으로서의 내가 서로 다른 인간종에 속하는 것이 아니라면, 개인의 정체성이 오롯이 어느 하나의 관점으로 결정될 수는 없는 노릇이다. 얼마나 오래 살았는가로 노인과 다른 성인을 구분하는 것도 노인의 정체성을 이해하는 데 별 도움이 못 되기는 마찬가지다.

물리적 시간의 양이 노화 경험의 내재적 의미를 규정한다고 생각한다면, 개인의 정체성은 사물에 관한 객관적 규정과 본질에서 다르지 않을 것이다. "나는 누구인가?"라는 물음은 "나는 무엇인 존재인가?"라는 물음과는 다르며, 나 자신의 의미 체험과 해석, 선택으로만 대답할 수 있다.[67] 하지만 안타깝게도 현실은 "노인들의 지위는 스스로 획득하는 것이 아니라 부여된다"라는 드 보부아르의 주장에 힘을 실어주는 듯하다.[68]

66) "한 사회 안에서 노년이 지니는 의미나 무의미는 그 사회 전체를 문제 삼는다." 시몬 드 보부아르 저, 홍상희·박혜영 옮김, 《노년-나이듦의 의미와 그 위대함》, 책세상, 2002, 18. "노인들의 문제는 엄밀히 말해서 활동하고 있는 성인들의 문제이다." 같은 책, 121.

67) J. Baars, *Aging and the Art of Living*, 176.

68) 시몬 드 보부아르, 같은 책, 116.

인간은 누구나 자기 삶에서 의미를 읽어 내고자 한다. 노년에 이른, 따라서 죽음의 시간을 구상하기 시작한 개인은 더욱더 자기 삶의 의미와 가치를 규정하는 일에 매달리기 마련이다. 노년은 전 생애의 의미 혹은 무의미가 중요해지는 시기이기 때문이다. 드 보부아르의 말처럼 노년의 의미와 가치가 고령에 이른 개인이 주체적으로 부여할 수 있는 것이라기보다 성년 층 인구 전체 또는 사회 전체에 의해 좌우되는 것이라면, "한 사회가 노인들에 대해 어떤 식으로 행동하는가를 보면 (…) 그 사회의 원칙과 목표에 대한 진실"이 명확하게 드러난다고 해야 할 것이다. 물론 "노인 자신은 결코 자신의 지위 문제에서 아무런 진전도 가져오지 못한다"는 그녀의 부정적 견해가 폭넓은 역사적 사실에 기반을 둔다 해도 사실이 당위를 늘 정당화하지는 못한다.[69]

사상 유례없는 고령인구의 폭발 경험이 대책 없는 비극만을 초래할 낭만적인 노인권 옹호론의 유혹은 응당 물리쳐야 하겠지만, 노화에 관한 편견에서 자유롭고 합당한 철학적 숙고에 대한 의무는 모든 사회 구성원의 몫이라 여겨진다.

마치 현대인의 노화 의식을 예견이라도 한 듯, 노화의 속도나 시간을 통제하려는 인간의 욕구에 대해 경고하고 있는

69) 시몬 드 보부아르, 같은 책, 118.

고대의 작품이 소포클레스의 《콜로누스의 오이디푸스》다. 이 비극은 노화와 노인의 정체성, 나아가 죽음이나 세대 갈등 및 계승 등에 관한 심오한 통찰을 되새기게 만든다.[70)]

주지하다시피 오이디푸스의 비극적 운명은 죽음과 세대 계승을 거부할 수 있으리라는, 그의 아버지 라이오스 왕의 헛된 소망에서 시작된다. 오이디푸스 자신은 스핑크스의 수수께끼에 답하는 데는 성공하지만, 그 답은 인생의 시기에 관한 이론적이고 원론적인 차원에 그친 것이었다. 젊은 오이디푸스가 자기 뿌리와 운명을 알아가는 과정은 인간의 자기 인식 과정이 단순히 지적인 차원에 머물 수 없다는 점을 보여준다. 시간 속에서 벌어지는 인간 존재의 수수께끼를 충분히 이해하기 위해서는 먼저 자기 인식이라는 비극의 과정을 체험해야만 했기 때문이다.[71)]

마침내 안식처를 발견한 오이디푸스가 자신을 받아들이는 공동체에 신성하고 세속적인 선물을 건네주자, 비로소 그는 추방되어 방황하는 거지에서 비극적 영웅으로 변하는데, 이는 작가가 노화를 도덕적, 영적 여행으로 간주할 뿐만 아니

70) 이하의 논의는 Cole의 글을 참조했다. T. R. Cole, "Oedipus and the Meaning of Aging. Personal Reflections and Historical Perspectives", in: N. S. Jecker(ed.), *Aging and Ethics. Philosophical Problems in Gerontology*, Totowa: Human Press, 1991, 99~108.

71) 같은 글, 101.

라, 공동체에 대한 노인 세대의 역할을 암시한 것으로 볼 수 있다. 오이디푸스는 아테네인들에게 전통적 관습과 도덕적 이상의 핵심에 대해 경고하고, 지식의 불완전함과 인간의 기본적 결함 앞에 겸손해지길 요구한다.[72]

콜은 주인공이 진정한 자신이 되기 위해 타자, 예컨대 안티고네, 아테네가 필요했고, 그런 점에서 자신의 영웅적 운명을 성취하는 데는 '자기 지식'뿐 아니라 '사랑 및 공동체에 대한 새로운 인식'이 핵심 역할을 했다고 해석한다.[73]

주인공이 자신의 역할을 의식적으로 긍정함으로써 비로소 새로운 활력을 얻게 되고 긍정적 변화가 나타나지만, 안타깝게도 망명의 여정이 끝나갈 무렵까지도 오이디푸스는 여전히 온전한 지혜와는 거리가 있는 것처럼 그려진다. 테베의 왕좌를 놓고 서로 다투는 두 아들, 에테오클레스와 폴리네이케스에 대한 그의 개입은 장구한 세월 각고의 고초를 통해 체득한 한 줌 실존적 지혜조차 핏줄 앞에 속절없이 무너지는 노년의 어리석음에 대한 처절한 경고로 들린다.[74] 작가는 인간이 자기 정체성을 인식하려면 시간 흐름을 통제하거나 거부하려는 욕심 없이 자기 삶을 살아 내야 할 뿐만 아니라, 실

72) 같은 글, 103.
73) 같은 글, 107.
74) 같은 글, 102.

존적 차원에서는 안티고네 같은 아래 세대의 희생이 있어야 하며, 그 과정에서 터득한 지식이나 지혜가 공동체에 대한 사심 없는 기여에 보탬이 되어야 함을 말하려 했던 것처럼 보인다.

노년에 이르는 경험은 한 세기 전만 해도 흔치 않았으나 이제는 다반사가 되었다. 그만큼 자신이 살아온 세월과 자기 삶 전체의 의미, 가치, 위치 등에 대한 정리를 놓고 부여된 관점과 주체적인 자기 인식 사이에서 어려움을 겪는 인구가 늘고 있다고 충분히 짐작할 수 있다.

3. 노인을 규정하는 시간과 공간 개념

일반적으로 현대 문화의 전형적인 시·공간에 관한 관점은 객관적이며 인구통계학적으로나 사회 정책적인 부문에 무리 없이 적용될 수 있을 것으로 간주한다. 그러나 널리 퍼져 있고 또 자연스럽게 우리 의식을 지배하는 시간관이나 공간관을 조금만 숙고해 보면 노화 과정을 그 자체로 이해하는 데 큰 걸림돌이 됨을 알 수 있다.

우선 현대의 시간 개념은 물리적으로 '측정 가능한(chronometric)' 시간에 그치지 않고 각 연령대의 삶의 의미를 '생산성'의 관점으로 평가하는 태도와도 밀접하다.[75] 우리 사회가 측정 가능한 시간을 기초로 구성원들의 삶을 억지로 분할하는 도구적이고 계산적인 접근법만을 고착시키려 할 때, 개인이 "시간 안에서 경험으로 충만하고 인간 관계적인 방식으로 살아갈 능력은 극적으로 도려내진다."[76]

바아스는 고령자와의 인터뷰가 "당신 때는 어땠었나요?" 같은, 통상 과거에 관한 질문에 집중하는 경향을 꼬집으며 이렇게 적는다.

> 나이 든 사람도 현재를 살고 있고, 현재의 날들 또한 그들의 날이며, 그들도 미래에 관심을 가진다는 사실은 많은 사람의 조망 범위를 벗어나 있다. 이 같은 경향은 인생 경로에 대해 널리 퍼져 있는 확신을 보여주는 또 다른 사례다. 즉 젊은 사람들과 '정상' 성인은 전망 지향적이며 미래에 대한 계획을 가진다고 생각하는 반면, 노인들은 오직 회고적 지향성만을 가진다는 확신 말이다.[77]

우리가 노화 과정을 그 자체로 이해하고 노화 관련 문제

---

75) J. Baars, "Critical turns of aging, narrative and time", 145; 같은 저자, *Aging and the Art of Living*, 231~235.

76) T. R. Cole, "What's the Point of Aging? Does Philosophy Make a Difference?", in: *The Gerontologist*, vol. 54, Oxford University Press, 2014, 520.

77) J. Baars, *Aging and the Art of Living*, 191.

를 특정 세대 편향에서 벗어나 보다 합리적으로 다루고자 한다면, 생산적 인구와 비생산적 인구의 구분은 물론이고, 성년의 자아만을 진정한 자아로 인정하는 '생애 단계 편향(life stage bias)'의 토대 역할을 하는 계량적 시간에 대한 대안이 요구된다. 특히 자신의 진정한 자아를 노년의 자아나 어린 시절의 자아가 아니라 성년의 자아에 국한하는 태도는, 노년이 다른 사람들에게만 일어나고 다른 사람만 늙는다고 착각하는, 이른바 노년 및 노화의 수수께끼 현상을 낳기 쉽다.

제커의 비유에 의하면, 이는 우리가 우리 자신의 진정한 모습을 '중년의 스냅숏' 속에서만 찾으려는 태도라 할 수 있다.[78] 이 같은 태도를 견지할 경우, 아동 연령의 아이들은 진정한 자아가 되고자 노력해야 하지만, 중년의 성인은 하나의 진정한 자아를 잃을 것을 두려워하게 된다.

나아가 이 관점을 노령 인구에 적용하면 '거기 멈춰!(Hang-In-There!) 모델, 즉 노년의 과제란 [현 상태를] 계속 유지하는 것이고, 우리가 할 일은 노인이 젊음을 유지하도록 돕는 것이라는 모델'이, 그리고 아동에게 적용하면 그들을 '합리적

78) N. S. Jecker, "The time of one's life: views of aging and age group justice", in: *History and Philosophy of the Life Sciences*, vol. 43, Springer, 2021, 2.

이고 자율적인 [또 생산적인] 성인으로 만들기 위한 (…) 예비 학교 모델'이 만들어진다.[79] 요컨대 우리는 나이에 상관없이 전 생애를 진정한 개인으로서 의미 있는 삶을 사는 것이 아니라 대체로 19세에서 64세에 한정된 성인 기간에만 그럴 수 있는 셈이 된다.

시간뿐 아니라 공간 경험 또한 개인의 정체성 규정과 관련해서 단순한 물리적 관점이 고려할 수 없는 요소로 작용한다는 점에도 주목할 필요가 있다. 노화의 진행과 더불어 개인의 공간은 집, 직장, 거리, 공원, 정원, 인도 등 다양한 환경에서 점차 하나의 방으로, 궁극적으로는 하나의 침대, 하나의 관으로 줄어든다. 노인들의 침실은 종종 그들이 접할 수 있는 세계의 전부이자 동시에 '그 세계로부터의 피난처'가 된다. '물리적 공간과 심리적 공간은 함께 축소되는' 경향을 보이므로 노인들의 심리적 생활 공간도 쪼그라든다.[80]

쉬에스는 현상학 계보의 철학자들에 기대어 물리적 관점에서는 '동질적'인 공간 개념을, 생활세계 차원에서는 '공간과 장소(space and place)'로 구분하여 고려해야 함을 강조한

---

79) 같은 글, 3~5.

80) W. F. May, "The Virtues and Vices of the Elderly", in: T. R. Cole, et al.(eds.), *What Does It Mean to Grow Old? Reflections from the Humanities*, Durham: Duke University Press, 1986, 46~47 참조.

다.[81] 그녀에 의하면, 인간은 그저 어떤 공간을 점유하는 사물이 아니라 장소에 거주하는 자이기에, 별 준비나 도움 없이 자기 집에서 나와 낯선 곳으로 옮겨가게 되면, "공간 적응성 및 친숙한 환경과 얽혀있는 주거지와 신체 습관을 잃게 된다." 심지어 거주 장소가 바뀐 노인의 경우 아예 설 자리를 잃게 되기 쉽다고 한다.

거동이 불편해진 노인을 자가에서 병원 시설로 옮겨 수용하는 일이 선의에 의한 일일지라도, 그 사건 자체가 이미 '실존적으로 의미심장하고 지대한 영향'을 낳기 마련이다. 노인들이 병원과 요양기관에서 받을 수 있는 보살핌의 이점이 분명함에도 그들은 보통 자신들이 그곳에 살거나 거주한다고는 생각하지 않는데, 병원은 생활과 거주를 위한 장소가 아니라고 여기기 때문이다.[82]

인간은 타인들뿐만 아니라 친숙한 공간 속의 여러 사물과도 함께 살고 있어서 장소의 변경뿐만 아니라 오래 사용한 물건이나 이용한 시설에 관한 상실 경험은 제삼자가 가늠하기 어려운 충격으로 다가올 수 있다. 공간을 관리의 대상으

---

81) C. Schües, "Capturing Space. Aging, (Dis-)Placement, or Making Room", in: M. Schweda, et al.(eds.), *Aging and Human Nature. Perspectives from Philosophical, Theological, and Historical Anthropology(International Perspectives on Aging)*, vol. 25, Cham: Springer, 2020, 97 참조.

82) 같은 글, 104 이하 참조.

로만 접근하다 보면 의도와 상관없이 고령자는 자신의 생활세계로서의 공간이 폭력적으로 침해당했다고 느낄 수 있고 결국 긴장할 수밖에 없게 된다. 쉬에스는 독거가 어렵게 된 78세 여성의 거주지를 아파트에서 병원 시설로 옮기는 문제 사례를 통해 노인에게 장소 변화는 단순히 간병 행위에 그칠 수 없다는 점을 강조한다.

코어스는 메를로 퐁티, 블루멘바흐, 발덴펠스 등에 의거, 노화를 '우리가 우리 몸을 통해 세계와 관계를 맺는 방식의 지속적인 변화에 관한 것'일 뿐만 아니라 '체화된 자아가 몸으로부터 소외를 겪는 과정', '물체(Körper)가 되어가는 몸(Leib)에 관한 것'으로 이해한다.

노화와 더불어 인간은 자신의 몸이 자아와 세계와의 관계를 방해하는 것으로 경험한다. 우리는 사춘기에도 이와 유사한 경험을 하지만, 청소년은 성인이 되어 가면서 자아의 재통합 과정을 통해 극복하게 된다. 사춘기 청소년이 '몸이 세계 및 다른 인간과 관계 맺는 새로운 방식을 탐색'하여 성장해 가는 것이라면, 노화는 '세계와 몸 관계의 상실과 제한을 통합하는' 학습에 관한 것으로 어쨌든 '성숙의 과정'으로 볼 수 있다.[83] 이때 몸이 일차적으로 관계하는 세계는 생활

83) M. Coors, "Embodied Time. The Narrative Refiguration of Aging", in: M. Schweda, et

세계로서의 공간이다. 따라서 노인의 거주 장소를 변경하는 문제는 그 사람이 노화의 과정을 성숙한 방식으로 완성할 수 있도록 신중히 고려해 주어야 할 요소라 하지 않을 수 없다.

그렇다면 노인과 노화 과정을 수반하는 문제를 가급적 세대 편향적 관점을 벗어나 접근할 때 바람직한 시·공간 개념은 어떤 것일까? 개인이 삶의 각 단계를 진정한 자기 정체성 안에 통합하기 위해서는 아무리 자연스러운 시간관이라 할지라도 나이 듦의 특정 시기를 소외시키는 경향에 노출된 측정 대상으로서의 시간에 대한 관점을 지양할 필요가 있다. 노화와 시간에 관한 철학적 담론을 이끄는 학자들은 이른바 '서사적 시간' 개념에 주목한다. 바아스에 의하면, 노인은 특히 인생에 관한 거창한 이론에 따르지 않고서도 자신이 살아온 삶의 의미나 자신이 누구인지를 스스로 정리할 가능성을 서사에서 발견한다.

> 서사적인 플롯은 연결되지 않은 사건들이나 정보의 작은 조각들로부터 의미 있는 하나의 이야기를 구성할 수 있게 해준다. (…) 노화는 자기 이해 또는 자기 해석에 관한 지속적인 탐구로서, 서사에

---

al.(eds.), 같은 책, 133~134, 139 참조.

서 탁월한 형태의 매개화와 명료화를 발견한다. 그렇게 하면서 그 사람은 자신의 삶에서 인상 깊었던 다양한 사건들뿐만 아니라, 대중적인 이야기나 비유들, 노인학적, 문학적 또는 영성적 서사들을 활용하게 된다. 그러한 서사들은 중요한 상황들이나 삶의 사건들에 관한 특정한 해석을 제안하는 것들이다.[84)]

바아스는 "인간의 삶이 한편으로는 항상 이미 서사적으로 조직되어 있으나 다른 한편으로는 삶 자체를 여전히 서사에 관한 탐구로도 볼 수 있으며 (…) 서술될 필요와 가치가 있다"라는 리쾨르의 글을 인용하며, 이를 "검토되지 않은 삶은 살 가치가 없다는 소크라테스의 저 유명한 말에 대한 하나의 반향"으로 평가한다.[85)]

서사적 시간관의 예찬론자들은 그것이 고령에 이른 개인이 자기 인생의 의미를 정리하고 고통을 감소시키는 데 도움을 주는 차원뿐만 아니라, 그 여정을 쇠퇴 과정과 동일시하려는 일면적인 태도를 극복하고, 그 기간을 오히려 체화된 자아의 추가적인 발달 잠재력을 제공하는 '성숙의 과정'으로 간주할 수 있게 해준다고 주장한다.[86)] 물론 서사가 누구에게

84) J. Baars, "Living in a Temporal Perspective", 125.

85) 같은 글, 124.

86) M. Coors, 같은 글, 139; T. R. Cole, "What's the Point of Aging?", 521.

나 노화의 부정적인 측면을 극복하게 해주는 긍정적인 역할을 하는 것은 아닐 것이다. 그만큼 한 인간의 삶은 하나의 이야기로 담아내기에는 너무 복잡해서 누군가에게는 이해할 수 없는 파편 조각들이나 참을 수 없는 이야기에 불과한 것일 수 있다.[87)]

그는 서사가 개인에게 진정한 성장의 기회뿐만 아니라 후속 세대에 자신의 실존적 경험을 통해 체득한 지혜를 표현하고 전달할 수 있는 통로가 될 수 있으려면 소크라테스적인 냉정한 '자기비판과 자기 아이러니'의 태도가 전제되어야 할 것처럼 말한다. 물론 이때 자기비판과 아이러니는 그저 빈정대기 위해 의도적으로 자기를 비하하거나 상대주의라는 안락지대로 도피하기 위한 방편이 아니라 대화 상대를 진지하게 심리적으로 격려하기 위한 것이어야 한다.[88)]

노화와 함께 개인의 생활세계로서의 공간이 축소되는 변화 자체를 거부하기는 어려울 것이다. 그래서 메이는 '노인 전용 시설 디자이너들의 무거운 책임'을 강조한다. 그들이 인간다운 시설을 만들고자 한다면, '노인 몸의 지각과 그 몸이 살고 있는 축소된 세계의 모양에 대한 민감한 사고' 그리

---

87) "서사적 정체성은 해답을 표시하는 이름인 동시에 문제를 표시하는 이름이기도 하다"라는 리쾨르의 표현은 이 점에서 시사적이다. J. Baars, 같은 글, 125에서 재인용.

88) J. Baars, *Aging and the Art of Living*, 220 참조.

고 무엇보다 '인간의 몸이 지니는 세 가지 의미'를 배려해야 한다고 주장한다.

첫째, 몸은 '세계를 통제하는 도구'인데, 노화는 통제력 상실에 대한 위협으로 나타난다. 이때 노인 전용 시설로의 이동은 곧 타인 구역으로의 이동이고, 이 이동의 충격이 기억을 공격하고, 결과적으로 기능 능력까지 저하시킨다. 그는 시설 디자인만으로 이러한 문제를 완전히 해소할 수는 없겠지만, "통제력의 손실과 그로 인한 수치심을 최소화하고자 노력해야 한다"고 말한다.

메이는 아침 식사를 준비한 후 가스불을 껐는지를 여덟 번 정도 확인해야만 하는, 즉 가스불을 꺼야 한다는 것은 아직 기억하고 있지만, 그것을 실행했는지의 여부는 모르는 80대 남성을 예로 들면서, "사회가 이 남성에게 친숙한 환경에서 삶을 지속할 수 있도록 충분한 부가서비스를 제공하는 대신 주거자들보다 스태프를 위해 건축된 시설에 수용한다면, 그의 기억과 생활 능력이 급속하게 저하될 수 있다"라고 경고한다.[89]

둘째, 몸은 눈부신 햇빛, 와인 한 모금, 거리의 소음, 바람에 실린 향기, 주름진 나무껍질의 질감 등 오감의 통로를 통

89) W. F. May, 같은 글, 47.

해 우리에게 쏟아지는 '세계를 누리는 수단'이기도 한데, 노인이 시설로 이동하게 되면 "기능적으로 단조롭고 소금기 없는 환경이 (…) 이 다양한 세계의 질감을 대체한다"고 한다. 그는 물의 공식이 H_2O라는 사실에 불평하며 "나는 물의 정의에 약간의 해조가 필요하다"고 한 예이츠를 인용하면서, "질병과 노화와 관련된 불쾌한 냄새를 건물에서 없애려고 노력"해야 하는 것은 맞지만, "감각적인 삶에 관한 진실한 약간의 것들을 노인의 방/세계에 허용할 필요가 있다"고 주장한다.[90)]

고려해야 할 몸의 셋째 의미는, 그것이 '다른 사람에게 우리 자신을 드러내는 수단'이라는 점이다. "우리는 몸을 가질 뿐만 아니라 우리의 몸으로 존재한다"라는 실존주의자들의 견해를 따른다면, 노화는 자기 몸으로부터의 소외뿐 아니라 '공동체로부터의 분리'도 수반한다.[91)]

비만으로 괴로워하는 청소년처럼, 일반적으로 노인도 "몸에서 아예 완전히 벗어나고 싶어 한다. 누군가의 몸, 따라서 그 사람의 자아는 더 이상 사랑받을 수도, 만질 수도, 안아줄 수도 없으며, 소중하지 않다고 느낀다." 이렇게 노인은 자신

90) 같은 곳.
91) 같은 곳.

의 신체적 결점을 불완전함이라기보다 인간(person) 전체에 대한 낙인(stigma)으로 여기게 된다.

그렇기 때문에 노인의 거주 공간은 '몸에 대한 존중, 수치심을 가지고 있는 사람들의 수치심에 대한 존중, 심지어 정신 이상자의 수치심에 대한 존중'까지도 반영해야 한다. 매력적인 환경 조성이 필수적인데, 특히 누군가의 방은 그 사람 몸에 대한 일종의 확장 역할을 하는 것처럼 작용하기 때문이다.

> "노인들이 살고 있는 방이 매력적으로 보여야 사람들이 침대에 누워 있는 노인들에게 더 가까이 다가가게 된다. 방은 성사적인 분위기(a sacramental aura)를 풍겨야 한다. 특정한 각도로 쏟아지는 햇빛, 양탄자의 질감, 의자의 편안함 등을 공유할 수 있어야 한다. 노인들이 방문자에게 의자를 권할 때, 그들은 어떤 제한된 방식으로는 자기 자신을 권하고 확장하고 있는 것이다."[92)]

이처럼 노인의 공간적 이동이나 환경의 변화는 세심한 주의가 필요한 문제라 여겨진다. 한 인간이 오랜 시간을 살아온 장소, 그 안의 물건들은 그저 물리적인 공간 그리고 그 공

92) W. F. May, 같은 글, 48. 원문에 약간의 수정을 가함.

간을 점유하고 있는 사물이 아니기 때문이다. 따라서 공간과 그 공간에 존재하는 사물들이 당사자에게 삶의 역사와 관련해 어떠한 구체적인 의미를 담고 있는지에 대한 배려가 불가피한 것처럼 보인다.

시간 역시 현대의 지배적인 시간관에서처럼 임의로 누락시키거나 처분할 수 있는 낱낱의 파편적인 사건들로 채워져 있고, 객관적으로 측정할 수 있는 어떤 추상물이 아니라 전체로서 의미 있는 이야기를 구성하게 해주는 바탕으로 바라보는 것이 바람직하다. 전자의 시간관은 노인들의 현존이나 기여가 무의미하다는 판단 그리고 그들을 그저 비용효율적인 관리의 대상에 불과한 사회적 짐으로 바라보는 시선을 고착화할 뿐이다.

의심의 여지 없이 '노화와 쇠약은 상당한 오리엔테이션을 요구하는 상황'이다. 사소해 보이는 일상과 규칙성이 노인들에게 특별해지는 이유다. 따라서 시간 경험과 공간 경험 모두에 관한 친숙함은 노인의 삶에서 매우 중요하다.[93] 결국 시간과 공간은 개인이 노화의 과정에서 자기 삶의 의미와 정체성을 규정하는 데 있어 결정적인 요소다.

93) N. Rosel, "Growing Old Together: Communality in a Sarasota Neighborhood", in: T. R. Cole, et al.(eds.), 같은 책, 202 참조.

4. 노화 및 노인 담론의 의의

소크라테스 이래 통상 철학은 죽음의 연습으로 간주되어 왔으나, 사실 현대를 사는 우리가 '삶에 대립시켜야 하는 것은 죽음보다 차라리 노년'이다.[94] 죽음은 누군가의 삶을 절대의 차원으로 옮겨 놓음으로써 그의 삶을 보호하는 기능을 한다고 할 수 있다. 이에 반해 노년의 현재는 개인의 성취가 이룬 빛이 바래짐으로써 압도당하기 쉽다.

서두에서 언급한 것처럼, 이 글은 양적으로나 질적으로 축소되고 왜곡된 노화에 관한 현대 담론의 논의 구조를 바로잡으려는 철학적 시도로 시작되었다. 급변하는 인구구조상 그 담론이 의료 돌봄 서비스, 독거노인 관리 같은 고령인구 관련 사회복지정책에 집중되는 것은 이해할 만한 현상이다. 하지만 노화를 인간적인 것이 무엇인가를 이해하려는 관점, 즉 인간의 자기 해석과 그것에서 얻을 수 있는 인간적인 것의 기준으로 바라보려는 자세가 더 중요할 수 있다.

노화를 젊다는 것이 무엇인가를 경험하고, 성장하고, 다양한 상황과 시기를 겪는 것, 또 인생에서 가장 중요하고 핵심적인 것이 무엇인지를 파악하려 애쓰는 과정으로 이해할 때,

94) 시몬 드 보부아르, 같은 책, 756.

비로소 노인 문제를 관리 대상으로만 바라보려는 유혹에서 벗어날 수 있다.

바아스는 이 후자의 관점을 '형편없는 주거 환경, 부족한 돌봄, 기아, 노인 차별' 같은 노령인구가 직면하는 우연적 제한조건들의 해소에 주력하는 전자의 관점과 구별하여, 실존적 제한조건들을 올바로 평가하기 위한 접근 방식으로 추천한다.[95] 물론 우리가 처한 사회 현실이 노화의 우연적 제한조건 해소에 중점을 둘 것인지, 실존적 제한조건 해소에 주력해야 할 것인지, 또 양자의 균형점을 어디서 찾을 것인지는 '출생 코호트'들 사이의 사심 없고 진지한 대화가 풀어가야 할 숙제일 것이다.

노화는 분명 인간이 선택하지도 않았고 궁극적으로 제어할 수도 없는 상황들을 동반한다. 그럼에도 그 상황을 겪고 있고, 겪게 될 인간이 무의미하거나 성가신 천덕꾸러기로 대우받아야 할 이유는 없다. 오히려 적어도 존엄하게 대해져야 하며, 가능하다면 우리의 삶과 사회에 의미 있게 통합되어야 한다. 존엄한 삶을 위한 원칙은 어느 연령대에서든 '무한한

95) J. Baars, *Aging and the Art of Living*, 242~243; L. Honnefelder, "Alter und Altern in den Biowissenschaften: Erwartungen und Ziele, Grenzen und Folgelasten in philosophischer Sicht"(K. Gabriel, et al.(Hg.), *Alter und Altern als Herausforderung*, Freiburg, München: Karl Alber, 2011), 257.

노력이 아니라 합당한 노력을 요구'할 뿐이기 때문이다.[96)]

현대의 노화 관련 담론은 생물학적 본질주의나 환원주의의 관점을 무비판적으로 수용하여 젊음을 이상화하고 강요함으로써 영감의 원천 역할을 하기는커녕 도리어 개인이 물리적 시간 때문이든 경제적인 이유에서든 '안티-에이징'의 대열에서 낙오될 수도 있다는 두려움 또는 비참함의 원천이 될 수 있다.

이 글이 자기 결정권, 심지어 자아 정체성마저 공시적 사회구조와 정책에 좌우되는 노인 인구의 권리를 합당한 수준에서 보호하는 차원뿐만 아니라, 바로 그 인구 집단이 새로운 자기 인식과 역할을 각성하게 하는 데도 작은 계기가 될 수 있기를 바란다.

(《철학연구》, 제168집, 대한철학회, 2023, 29~56 게재)

96) J. Baars, 같은 책, 245.

제5장

노년, 부정적 감정 이겨내기

이관표

이 글은 현대사상의 '부정성' 논의를 통해 '노년'을 정의하고, 그 결과로부터 노년에 대한 철학적 의미를 제안하려는 목표를 가진다. 나아가 이것은 우리 시대에 맞는 노년의 정체성 모색과 연결된다.

노년이란 무엇인가? 일반적으로 우리는 노년이 삶의 전체를 보내고 마지막으로서의 죽음과 직접적으로 연결되는 시기라고 이야기한다. "죽음과의 친화성[과 더불어] 노년은 삶에 대한 즐거움을 억누르는 무거운 짐과 나이의 노고(Alterbeschwerden)를 가지고 있다."[97] 즉 죽음이 우리에게 선고되어 있는 것처럼, 노년 역시 우리에게 필연적으로 선고되어 있다. 그러나 현대에 이르러 우리에게 노년에 대한 논의는 조금 다른 방식으로 나타나고 있다. 왜냐하면 현대는 과거의 그 어느 때보다 노년 인구 비율의 상승을 경험하며, 지속적으로 상승할 것으로 예상되기 때문이다.

97) Eberhard Jüngel, *Tod*, Stuttgart: Kreuz Verlag, 1983, 85.

현대는 출산율의 저하와 더불어 노년 인구의 비율이 상당히 증가하는 추세이다. “2024년 65세 이상 고령인구는 우리나라 전체 인구의 19.2%로, 향후 계속 증가하여 ’25년에 20%, ’36년에 30%, ’50년에 40%를 넘어설 것으로 전망”[98] 된다. 또한 이러한 전망과 더불어 노년이 경험해야 하는 삶의 모습과 경제-사회적 모습에 대한 관심이 발생하기 시작했다. 이처럼 우리 사회가 노령화에 접어들었음에도 불구하고 우리는 중요한 문제의 대두를 관찰하게 된다. 그것은 바로 노년 경시의 흐름이다.

현대의 노년들은 정치적으로는 영향력을 상실하기 시작했고, 경제적으로는 이른 은퇴 때문에 이전 세대보다 빠른 금전적 결핍에 노출되고 있다. 그뿐만 아니라 핵가족화는 정치적, 경제적 박탈감을 느끼고 있는 노년들에 관계 상실마저 안겨주었으며, 이제 더 이상 우리 사회 안에서 노년에 대한 무조건적 공경이나 순종은 기대할 수 없게 되었다. “높은 고령화 수준과는 달리 노인을 바라보는 사회적인 시각은 대부분 부정적이다.”[99]

또한 노년에 대한 관심은 노년 자체의 의미가 아니라, 노

98) 통계청, 《고령자 통계》, 통계청 사회통계과, 2024.
99) 윤민석, “노화에 대한 재해석: 노년 초월 이론과 9단계 이론을 중심으로”, 《한국노년학》, Vol. 32, 한국노년학회, 2012, 431.

인들을 돌봐야 하는 사회의 재정적 부담에만 집중되고 있는 형편이다. 왜냐하면 국내 65세 이상 노인 중 86.7%는 만성질환을 한 가지 이상 가지고 있으며, 이 중 절반은 이로 인해 일상생활 수행 능력에 제한을 받고 있기 때문이다. 그럼으로써 "우리 사회에서는 생명적 가치가 아닌 경제적 가치로 환원해서, 노인을 쓸모없는 존재로 인식하고 있어, 그들이 마땅히 가져야 할 권리를 행사하지 못한다."[100)]

바로 이러한 상황에서 본 연구는 노년의 분명한 개념 규정 및 그 철학적 의미의 필요성에 대한 강력한 시대적 요청으로부터 출발한다. 왜냐하면 노인들에 대해 좋지 않은 인식은 결국 우리 사회가 노년에 대한 정확한 정의를 확립하지 못한 채, 단지 자본주의적 효율성 및 재정적 가치에 따라 노년을 평가하는 잘못에서 비롯되었기 때문이다.

모든 사람이 언젠가는 노년이 되고, 노년 인구와 함께 살아가고 있음에도 불구하고 우리는 노년이 무엇을 의미하는지, 혹은 그들이 체험하고 있는 경험의 근거가 무엇인지 제대로 숙고하지 않는다. 그리고 이것은 우리 사회가 아직 노인 문제 및 노인복지를 제대로 해결할 기초조차 세우지 못하

---

100) 김두리, 한은경, 김상희, "국내 노인윤리에 대한 통합적 문헌고찰", 《한국노년학》, Vol. 34, 2014, 170.

고 있다는 방증이 된다. 노년이 무엇을 의미하는지, 그리고 노년이 체험하고 있는 경험의 근거가 무엇인지도 모른 채, 노년 문제에 대안을 제시하고 복지를 계획한다는 것은 분명 모순이다. 나아가 돈의 제공이나 시설의 확충만을 통해 노년의 문제들을 개선하려는 시도 역시 장기적 효과를 거두기 어려울 수밖에 없다.

지금까지의 한국 내 노년 연구들은 대부분 사회복지학이나 종교교육 분야에만 치우쳐 있을 뿐, 노년 자체에 관한 철학적 연구 및 규정의 시도는 거의 시행되지 않았다. 그나마 소수의 노년에 대한 철학적 연구의 경우, 대부분이 노장과 유교에 나타난 노인들의 삶의 해석이 전부이며, 서양철학을 통해 노년을 연구하려는 시도는 거의 발견할 수 없는 실정이다.[101)]

---

101) 예를 들어, 1900년대 이후로 노년 연구에 대한 선구적인 위치를 차지하고 있는 저서는 아메리의 《노년에 대하여_반항과 체념》이다(Jean Amery, *Über das Altern. Revolte und Resignation*, Stuttgart: Klett-Cotta, 2010). 아메리의 연구는 일종의 문학적 접근으로 개별 인간이 노년을 어떻게 바라보고 있는지를 충실히 분석한 작품으로 평가된다.
또한 보부아르의 《노년》 역시 현대에 출간된 대표적 노년 연구로 손꼽히고 있다(Simone de Beauvoir/Anjuta Aigner Dünnwald, Ruth Henry (Übers.), *Das Alter*, Georgsmarienhütt: Rororo, 2000). 이 책에서 보부아르는 인간을 사회적 존재로 규정하고, 이러한 인간이 노화를 통해 낮은 계급으로 붕괴하여 가는 과정을 기술한다.
이 외에도 2000년부터 구동독 지역에서 시작된 노년에 관한 철학적 연구들은 특별히 주목할 필요가 있다. 특별히 독일 작센주는 2012년 '우리 시대의 노인들(Altern in unserer Zeit)'이라는 제목으로 심포지엄을 개최했다. 이 심포지엄에서는 노년이 가진 철학적 성격과 더불어 노년 삶의 질적 향상을 위한 여러 논문이 발표되었고, 저서로 출

본 연구는 이러한 자료적 제한을 극복하기 위한 하나의 시도로 우선 노년을 철학적으로, 보다 구체적으로 말해 인간의 근본 상황으로서의 '부정성' 안에서 규정하고, 그 철학적 의미를 찾아보려 한다. "부정성은 존재론적으로는 거부로서, 무성(無)으로서, 그리고 죽음으로서, 인간학적으로는 거절할 수 있음으로써, 논리학적으로는 아님으로써, 부정의 형식으로서 나타난다. (…) 인간 경험의 일상적인 영역에서는 사실적인 부정성이며, 이것은 인간학적인 연약성과 유한성, 결핍성, 결여성, 고통의 위협, 잘못됨과 가사성으로서 각각의 인간과 인간적인 문화를 총체적으로 포함하는 것이다"[102]

특별히 부정성에 대한 논의 안에서 노년 연구가 전개되어야 하는 이유는 우리 사회의 노년 인구가 서구보다 더 어려운 사회적·경제적 위치에 처해있으며, 이러한 상황은 곧 노년 생활이 서구에서보다 더 큰 부정성의 경험에 직면한다는 사실 안에 있다. 그러나 이 글을 통해 밝혀질 사항은 부정성의 경험이 강하면 강할수록 노년은 더욱더 강하게 자기 삶을 새롭게 개방하고 변혁시킬 수 있다는 점이다. 부정성의 극단

판되었다. 출간된 책의 제목은 다음과 같다. Rentsch & Zimmermann & Kruse (Herausg.), *Altern in unserer Zeit: Späte Lebensphasen zwischen Vitalität und Endlichkeit*, Frankfurt(M): Campus Verlag, 2013.

102) Rentsch, *Negativität und praktische Vernunft*, 2000.

화로서의 노년은 결코 현실을 포기하게 만드는 시간이 아니다. 그것은 오히려 삶 안에서 '자기 개방성'과 '효율성으로부터의 거리두기'를 통해 새로운 삶과 새로운 관계로의 초월을 가능하게 하는 때이다.

철학은 언제나 각 시대의 문제에 답해 왔으며, 답하고자 노력해야 한다. 따라서 평균수명의 상승과 출산율의 저하라는 현대적 특성을 통해 대두된 노년 문제는 이제 우리 시대의 철학이 답해야 하는 과제이다.

물론 본 연구에서 정립될 노년에 대한 개념 규정은 지금까지 자연과학, 사회학, 종교교육 등의 개별 학문에서 시도되었던 것들을 넘어서야 할 필요가 있다. 왜냐하면 철학은 근원적인 학문으로서 하나의 제한된 영역이 아니라 인간을 전체의 관점 안에서 연구하는 학문이기 때문이다. 바로 이러한 의미에서 노년을 규정할 가장 알맞은 개념은 인간 실존의 근본 성격으로서의 '부정성'이다.

이제 이 글이 제기하는 질문은 다음과 같다.

부정성의 극단화로서의 노년은 철학적으로 어떻게 이해될 수 있는가? 그리고 이 부정성의 극단화 경험 안에서 노인들은 어떤 방식의 자기 규정을 획득할 수 있는가?

1. 인간 근본 상황으로서의 부정성

앞서 밝힌 것처럼 본 연구는 노년을 인간의 근본 상황으로서의 부정성을 통해 규정하고자 하며, 이러한 이유에서 우리는 먼저 이것의 개념에 대해 다루어야만 한다. 그렇다면 부정성이란 무엇을 의미하는가?

우리는 별다른 이유를 생각할 필요 없이 모든 사람이 언젠가 반드시 죽는다는 사실을 알고 있다. 이러한 죽음은 다양한 종교적 논의를 넘어 언제든지 우리에게 선고되어 있음을 아무도 부정할 수 없다. 그리고 이 확실한 사실로서의 죽음은 결국 우리가 삶의 구석구석에 부정성의 요소들을 담고 있음을 드러낸다. 왜냐하면 인간은 이미 태초로부터 죽을 것이라고 선고되어 있고(〈창세기〉 3:3), 그래서 그 죽음이 있는 한 우리는 필연적으로 불안, 고통, 나약함, 유한함 등에 노출되기 때문이다.

다시 말해 인간은 가사자(Sterblicher)로서 자기 죽음에 노출된 채 상처받을 수밖에 없고, 나약할 수밖에 없으며, 이러한 근본 상황 안에서 고통을 겪고, 늙으며, 깨어질 수밖에 없다. "사실, 우리는 끊임없이 끝장나고 있다. 거기로부터 지속적으로 주어지는 상처, 노화, 깨어짐이 나타난다. 이것들은 실존적인 나약함으로 성격 규정될 수 있는 것들"[103]이며, 우리는 이것들을 '부정성'이라고 형식화할 수 있을 것이다.

전통사상과 종교 안에서 앞서 언급한 부정성 혹은 부정적 요소들은 늘 허무한 어떤 것, 파괴적인 어떤 것 혹은 나쁜 어떤 것이라고 이야기될 수밖에 없었다. 예를 들어, 불교가 '일체개고(一切個苦)'를 자신들의 출발점으로 두었던 것이 그랬고, 기독교 역시 죽음을 '죄의 삯'(《로마서》 6:23)으로 간주해 왔던 것 역시 이러한 부정성에 대한 부정적 인식에 귀속되고 있다.

그러나 여기서 주목할 사항은 앞서 정의한 삶의 부정성이 결코 삶과 존재로부터 소멸할 수 있거나 완전히 극복될 수 있는 어떤 것이 아니라는 점이다. 오히려 부정성은 삶과 존재에 함께 필연적으로 동반되는 것이면서 이와 더불어 앞서 우리의 삶과 존재 안에 소여된 구성 요소이다.[104]

부정성은 존재의 시작과 더불어 항상 우리 내에 이미 존립하고 있었으며, 그럼으로써 우리의 삶과 존재의 모양을 지금의 것 자체로 구성해 왔던 필수 요소이다. '인간적 실존은 부정성에 의해 철저히 침투되어 있으며',[105] '부정성은 인간세

103) Rentsch, *Negativität und praktische Vernunft*, 2000, 88.

104) 이관표, "토마스 렌취의 부정 초월과 철학적 신학의 과제", 《신학논단》, Vol. 71, 연세대학교 신과대학, 연합신학대학원, 2013, 247.

105) Rentsch, *Negativität und praktische Vernunft*, 2000, 88.

계를 구성'[106]함과 동시에 인간의 '마음대로 처분할 수 없음(Unverfügbarkeit)', 즉 그의 한계를 극단적으로 드러낸다.

여기서 우리가 분명하게 생각해 봐야 하는 것은 그러나 이 부정성이라는 것이 분명 우리의 삶 안에서는 어떤 한계이지만, 이와 동시에 인간이 이 한계를 넘어설 수 있게 해주는 가능 근거라는 사실이다. 다시 말해 부정성과 한계를 직시함을 통해 이제 인간은 삶 안의 고착된 것들을 허물고 새로움을 향해 나아감과 동시에 세계 안에 고착된 억압과 착취의 관계를 허물고 새로운 존재의 관계를 향해 '초월'[107]해 나갈 수 있다. 왜냐하면 "한계란 한 사태가 끝나거나 멈추는 곳이 아니라, 오히려 거기에서 그것이 본질적으로 시작되며, 비로소 이해되는 곳"[108]이기 때문이다. 그리고 인간은 철저히 이러

106) 같은 책, 92.

107) "초월은 일반적으로 넘음(Überschritt), 넘어섬(Überschreiten) 혹은 넘어감(Übersteigen)을 의미한다." Martin Heidegger, *Metaphysische Anfangsgründe der Logik im Ausgang von Leibniz. Gesamtausgabe Bd.* 26, Frankfurt(M): Vittorio Klostermann, 1990, 204 참조. 동양은 초월에 대한 개념이 다소 약한 편이다. 그러나 이와 다르게 서양은 다양한 의미의 초월을 이야기하고 있다. 예를 들어, 자기 자신을 극복해 나가는 것, 자기를 벗어나 관계적 존재가 되는 것 그리고 신적 존재로서의 절대 초월에 이르기까지 초월이란 앞서 하이데거가 정의한 넘음, 넘어섬 혹은 넘어감과 관련된 모든 사건을 지칭한다. 초월에 대한 사상사적인 의미는 다음을 참조. 윤병렬, "하이데거와 현대의 철학적 사유에서 초월개념에 관한 해석", 《하이데거연구》, Vol. 18, 한국하이데거학회, 2008. 부정성을 통한 초월에 대한 논의는 다음을 참조. 이관표, "토마스 렌취의 부정 초월과 철학적 신학의 과제", 2013.

108) Thomas Rentsch, *Gott*, Berlin: Walter de Gruyter, 2005, 59.

한 부정성을 수용할 수밖에 없는 존재로 이 부정성은 노년에 이르러 극단화된다. 그렇다면 노년에 대한 정의는 곧 부정성의 극단화에 이른 그 자신이 이것을 어떻게 이해하고, 나아가 삶에 유익하게 적용할 수 있느냐는 물음으로부터 시작되어야 한다.

부정성이 극단에 이르렀다는 것은 고통받다가 죽어가는 상황만을 불러오지 않는다. 앞서 살펴본 것처럼, 부정성이란 우리의 삶을 새로운 차원으로 초월시킬 힘이며 부정성 극단화로서의 노년은 단순한 부정적 상황에서 멈추지 않고, 전적으로 다른 상황에 이르게 해준다.

2. 일상에서 경험하는 노년 부정성의 극단화

노년이 부정성의 점차적 증가 시기임을 부인할 수는 없다. 왜냐하면 이때는 앞서 밝혔던 부정성의 기본적 요소들, 즉 죽음, 나약함, 노화 등이 증가하여 삶의 마지막 순간까지 지속적으로 상승하는 기간이기 때문이다. 물론 노년에서 경험하는 부정적 감정들은 재정적 어려움으로부터만 발생하는 것은 아니다. 노년에 이른 모든 이들은 죽음 앞에 직면함으로써 자신의 존재 상실을 가깝게 체험하고 있으며, 이러한 상황은 결코 재산이 많거나 건강하다고 또는 사는 집이 편안하다고 극복될 수 있는 것이 아니다.

노년은 재정적 도움이나 복지의 개선만을 통해서는 결코 해결될 수 없는 극단적인 부정성 안에 들어가 있다. 그래서 이 상황에 대한 정확한 분석과 이해가 없다면 노년의 행복한 삶은 불가능하다. 그리고 이러한 측면에서 본다면, 부정성을 통해 노년을 철학적으로 규정하고, 그 결과로부터 노년의 삶을 분석해 보고자 한 본 연구의 시도는 현대에 필수적이지만, 아직 개척되지는 못한 과제를 감당하는 것이라고 할 수 있다. 그렇다면 노년은 어떠한 부정성의 경험을 가지고 있는가?

인간은 큰 사고만 없다면 노년을 거쳐 죽음에 이른다. 특별히 우리는 이 노년의 규정과 관련하여 오이디푸스와 스핑크스의 수수께끼 이야기를 잘 알고 있다. 그리스 신화에서 스핑크스가 물어본 "아침에는 네 발, 점심에는 두 발, 그리고 저녁에는 세 발로 걷는 동물"은 인간이다. 부족하게 태어난 인간이 온전하게 자신의 두 발로 서서 살다가 결국 지팡이에 의존하여 죽음을 기다리게 된다는 것이다. 그러나 여기서 주목해야만 하는 것은 지팡이에 의존한 자, 즉 노년에 이른 자에 대한 규정은 일상적 노년에 대한 이해와 다르게 단순히 인생의 마지막으로만 기술되지 않는다는 점이다.

늙은 인간은 아이처럼 네 발로 걷지는 않지만 인생의 황금기로서의 젊은이처럼 두 발로 걷지도 못한 채 세 발로 지탱한다. 왜냐하면 노인이 처한 상황은 먼 옛날의 나약함(어린 시절)을 이미 겪은 이후, 전성기를 지나(젊은 시절), 다시 나약함으로 되돌아와 자신의 극단에 서게 되는 종합적 성격을 가지고 있기 때문이다. 즉 노년에 이르렀다는 것은 어린 시절과 젊은 시절에 대립되는 독립적인 하나의 단계가 아니라, 앞의 두 시절을 모두 거치고 축적하게 되는 근본 상황의 극단화를 의미한다. "인간 노년의 본질 규정은 다음과 같이 규정될 수 있다. 인간 노년의 과정은 인간적인 근본 상황의 극단화이다."[109]

그러나 여기에서 주목해야 하는 것은 인간적인 근본 상황의 극단화라는 것은 동시에 부정성의 극단화를 의미한다는 점이다. 다시 말해 아이의 나약함과 의존성, 젊은 시절의 실패와 절망, 그리고 노인 시절의 죽음, 노화, 육체의 병 등을 총체적으로 자기 자신 안에 담게 되는 시기가 바로 노년이며, 이것을 우리는 부정성의 극단화 상황이라고 이야기할 수 있다. 게다가 부정성의 극단화라는 상황은 결코 자기 자신에 의해, 혹은 타자에 의해 나타난 것도 아니다. 이것은

109) Rentsch, *Negativität und praktische Vernunft*, 2000, 169.

누구의 의지와도 상관없이 그렇게 주어진 것임과 동시에 마음대로 지배할 수 없는 어떤 것이다. 그렇다면 부정성의 극단화로 정의될 수 있는 노년의 경험 내용에는 무엇이 속하는가?

첫 번째, 부정성은 노인에게 우선 죽음으로 나타난다. 물론 죽음이란 나이에 상관없이 다가올 수 있는 것이다. 왜냐하면 "인간은 태어나자마자 이미 죽기에는 충분히 늙어 있기"[110] 때문이다. 그러나 젊은 시절의 죽음이 사고 혹은 갑작스러운 병 등을 통해 나타나게 되는 것임에 반해, 노년의 죽음은 이와 전혀 다른 양상을 가진다. 죽음은 노년에게 이미 가깝게 다가와 있는 어떤 것이면서도, 그 이유를 모름에도 불구하고 당연하게 받아들여야 하는 필수적인 삶의 부분으로 나타난다. 즉 노년에 있어 죽음은 자신의 존재를 상실하는 사건인 동시에 태어남으로부터 출발했던 한 개체가 그 자체로 완결되어 버리는 사건이다.

물론 일차적으로 죽음은 노인에게 그들이 경험해야 하는 극단적인 '자기 상실'인 한에서 괴로움이다. 죽음을 통해 노년이 깨닫게 되는 것은 열심히 살아왔던 삶이 이제 조금의 시간이 흐르면 사라지게 된다는 사실이다. 게다가 이러한 깨

110) Martin Heidegger, *Sein und Zeit*, Tübingen: Max Niemeyer, 1972, 245.

달음은 노년이 현재 처해있는 육체적·정신적 상황으로부터 아무런 영향을 주고받지 못한다. 깨닫는다고 나아지는 것도 없고, 깨닫지 못한다고 해서 더 괴로운 것도 없다. 왜냐하면 이 세계를 떠나야 한다는 의식은 모든 이들에게 동일한 것이기 때문이다. 부자도, 권력을 가진 정치인도, 유명한 아이돌 가수도 언젠가는 늙어 죽게 된다는 점을 결코 부인할 수 없으며, 이것은 전적으로 인간에게 선고되어 있다.

그러나 놀라운 것은 이 자기 상실이 동시에 삶의 과정 중에 있는 자가 비로소 '자기 자신이 됨'의 사건을 의미한다는 점이다. 다시 말해 모든 인간은 태어난 시점부터 죽음에 이르는 그 시점까지를 가지고 있으며, 따라서 인간의 전체는 언제나 그의 죽음까지 포함했을 때 완전히 그 자신이 될 수 있을 뿐이다. 왜냐하면 "종말(즉 죽음)은 각기 그때마다 가능한 현존재의 전체성을 제한하며 규정하고 있으며,"[111] 나아가 죽음을 선구한 인간 현존재만이 그 자신이 될 수 있는 가능성을 확보할 수 있기 때문이다.[112]

자기를 상실하게 되는 인간만이 자신의 삶을 완결하면서 비로소 자기의 전체가 될 수 있으며, 노년은 이러한 '자기 상

111) Heidegger, *Sein und Zeit*, 1972, 234.

112) 같은 책, 266 참조.

실'과 '자기 됨'이 공존하는 역설적 상황 안에 처해 있는 셈이다. "삶은 현 사실적으로 인간이 자기 자신으로 되어 감[이며], 이러한 되어 감은 부정성을 통하여 개진되고 있다."[113]

두 번째로 언급되어야 하는 노년의 부정성 극단화는 육체의 깨어짐이다. "육체적인 노년의 관점에서 극단화된 근본적 상황은 모든 종류의 몸 기능의 깨어짐(Störungen) 형태 안에서 나타난다."[114] 혈기 왕성하게 움직였던 육체는 점점 시들어 가고 병약해지며, 이에 따라 노인들은 기억력과 표현력을 점차 잃게 된다. 게다가 주위 사람들은 죽어 사라져 가고 사회와 가정 안에서는 소외가 일어나면서 점차 인간관계마저 깨어지고 만다.

육체의 깨어짐이란 노년이 된 인간의 본모습이며 아무도 이것을 거부할 수 없다. 왜냐하면 "물리적인 노화 과정은 가장 내밀한 인간의 고유 본성에 속하기"[115] 때문이다. 심장과 순환기는 약해지고, 본래 제 역할을 다하던 장기들은 때때로 병들어 말을 듣지 않는다. 젊은 시절 가장 즐거웠던 꾸미고 치장하는 시간이 노년에는 더 이상 즐거움이 되지 못한다.

113) Rentsch, *Negativität und praktische Vernunft*, 2000, 175.

114) 같은 책, 169.

115) 같은 책, 171.

거울을 통해 보게 되는 노년의 자기는 육체적 깨어짐 때문에 이미 젊음의 아름다움을 상실해 버렸으며, 오히려 거울을 보는 시간이 악몽처럼 느껴질 때도 있다. "'내가 이렇단 말인가?!' 또한 여기서 우리는 자기-소외-됨, 움츠러듦, 자기 자신에게 동의하지 못함 등을 경험한다. 이러한 예들은 노년에 있는 자기가 됨의 과정의 깨어짐을 가리킨다."[116)]

세 번째, 노년의 부정성 극단화는 앎의 죽음 및 깨어짐을 통해 파생되는 우울증으로 경험된다. 최근의 많은 노년 연구에서 유의하는 것은 우울증이다. 일반 사회에서 살고 있는 노인들의 25% 이상이 우울 증후군을 가지고 있고, 병원에 입원한 노인 환자 중에서는 40% 이상이다. 그러나 문제는 단순히 우울증 자체에 한정되지 않는다. 왜냐하면 우울증은 언제나 자살이라는 극단적인 결과를 초래하며, 자살의 증가로 나타나는 가족의 해체와 사회적 위화감, 나아가 사회적 비용 등은 근대사회에서는 미처 겪지 못한 부정적 경험이기 때문이다.[117)]

116) Rentsch, *Negativität und praktische Vernunft*, 2000, 170.

117) 이외에도 우울증의 경험은 노인들에게 알코올 남용을 불러온다. 많은 노인이 우울증과 관련하여 술을 남용하고 있으며, 이러한 술을 통해 건강의 문제뿐만 아니라 사회적인 다툼과 가족의 해체, 이웃 간 관계의 붕괴 및 여러 가지의 문제점을 불러온다. 한국과 같이 알코올에 대해 너그러운 경우, 앞서 언급한 통계는 상당한 수준의 피해로 드러날 수밖에 없다.

이미 OECD 국가 중 최고로 알려진 한국의 자살률을 나이별로 비교해 보면, 그중 노인들의 비중은 상당하다. 2010년 조사에 따르면, 한국의 노년, 보다 구체적으로 65세 이상의 비율이 대략 12.2%를 차지하며, 그중에서 74세 이하 노인의 자살률은 10만 명 중 81.9명, 75세 이상은 10만 명 중 160명에 달하고 있다. 그리고 일반적 조사들은 천편일률적으로 개인의 사회적·경제적 소외 및 결핍만을 자살의 이유로 제시하고 있다.

그러나 우울증이란 단순히 개인적 상황으로부터 나타나는 증상만은 아니다. 한병철에 따르면, 우울증은 오히려 인간의 자기 목표 의식의 과도한 정립 때문에 나타나는 현대의 대표적 질병이다. "시대마다 그 시대에 고유한 주요 질병이 있다. (…) 21세기의 시작은 (…) 오히려 신경증적 질병, (…) 이를테면 우울증"[118] 등의 질병으로 규정된다. 왜냐하면 현대의 인간은 그 어느 시기보다 자율적 삶을 살게 된 이래 결코 자신의 목표 달성에 만족할 수 없기 때문이다. "어떤 목표를 달성했다는 느낌 자체가 절대 오지 않는 것이다."[119]

다시 말해, 현대의 인간은 자기 스스로 목표를 세울 수 있

118) 한병철,《피로사회》, 문학과 지성사, 2012, 11.
119) 같은 책, 90.

는 자율을 획득했지만, 달성됨과 동시에 더 큰 목표를 계속 세우고 만다는 점에서 결코 만족하지 못하며, 이것은 우울함으로 표출된다. 게다가 사회가 강요하는 질서를 따르기만 하면 성공하고 잘 살 수 있었던 옛 시대의 노인들에게 모든 목표를 직접 설정해야 한다는 현대의 상황은 우울함을 불러올 뿐이다.

분명 노년은 부정성이 극단화되어 죽음 안으로 사라지게 되는 시기를 의미한다. 그리고 "죽음은 관계들을 파괴하며, 삶이 오직 그 안에서만 자신을 수행할 수 있는 연관을 끊어버린다. 죽음의 본질적인 행위는 이러한 의미에서 극단적인 부정이다."[120]

그렇다면 우리는 이렇게 물어야만 한다. 죽음에 가까이 다가온 노년, 그래서 부정성의 극단화에 이르렀으며, 동시에 극단화되어 감을 지속적으로 경험하는 노년은 그저 부정적인 의미만을 지니고 있는가? 아니, 보다 구체적으로 노년에 도대체 무엇인가 남아 있기는 한 것인가?

120) Jüngel, *Tod*, 1983, 101. 그리고 이관표, "융엘의 신학적 죽음 이해", 《한국조직신학논총》, Vol. 24, 한국조직신학회, 2009, 115~119 참조.

3. 부정성 극단화로서 노년의 철학적 의미

우리는 이제 부정성의 극단화 안에 놓여있는 노년이 어떠한 의미를 갖는지 살펴봐야 한다. 논의에 들어가기에 앞서 분명히 해야 하는 것은 앞으로 다루게 될 사항이 결코 '노인이 지닌 사회적 가치의 의미', '노인을 대하는 태도의 의미', 혹은 '노인을 위해 일하는 사람들의 의미' 등을 지칭하지 않는다는 점이다. 오히려 이러한 논의들은 이미 의료윤리 및 사회복지 영역에서 꾸준히 연구되었던 부분이다.

이와 다르게 본 연구가 관심을 두는 지점은 부정성의 극단화에 이른 노년 자신이 직접 가지게 되는 의미와 자기 규정성의 영역이다. 다시 말해, 노년이 다른 사회 구성원으로부터 받게 되는 내용이 아니라 그 자신이 부정성의 극단화를 경험하면서 숙고하고 실천해야 하는 문제이다. 그리고 이것은 결국 그 자신의 새로운 삶의 기획을 위한 단초가 된다. 왜냐하면 부정성은 결코 긍정적인 어떤 것으로 환원되지 않고, 고통스럽게 남아 인간의 삶을 어떤 새로운 형태 안으로 끊임없이 개방해 버리며, 이것의 극단화된 시기가 바로 노년이기 때문이다.

노년이 부정성의 극단화 안에 서 있다는 의미는 첫째, 그가 이 경험을 통해 자신의 완고함을 깨고 '삶의 개방성'을 획득함으로써 개인과 공동체 내의 갈등을 화해시킬 수 있는 존재로 바뀐다는 것이다. 앞서 살펴본 것처럼, 노년이란 인간이 본래 가지고 있는 그의 고유성으로서의 부정성이 극단화로 치닫는 지점이면서 동시에 인간으로서의 자기 자신이 되는 단계이다. "노년은 자기 자신이 됨으로 규정되며 인간적인 근본 상황의 극단화로 규정된다."[121]

그러나 자기 상실과 더불어 이 상실을 통해 함께 완결되는 자기 됨은 의외로 노년의 삶을 다른 차원으로 이끌게 되며, 바로 이것을 통해 노년의 삶에 대한 새로운 자각이 가능해진다. 왜냐하면 죽을 수밖에 없다는 사실을 깨닫고 고유한 자기의 한계를 통찰할 때, 비로소 인간은 자신의 고유한 삶에 대한, 즉 자신이 살아온 삶 전체와 더불어 자신의 사회적·정치적·종교적 환경에 대한 새로운 이해 및 태도를 획득할 수 있기 때문이다.

부정성을 통해 존재의 끝에 도달함으로써 자신의 고유한 유한성을 인식한 인간은 자신이 살아온 삶과 기억이 완전할 수도, 영원할 수도 없다는 사실을 통찰한다. 그는 과거의 완고한 기억을 반성하고 새롭게 해석함으로써 미래적 화해를 시도할 수 있게 된다. 물론 거기에는 인간의 망각하는 능력

---

121) Rentsch, *Negativität und praktische Vernunft*, 2000, 151.

과 더불어 미래의 젊은이들이 건설적인 삶을 영위할 수 있도록 자신의 기억과 상처를 용서하는 관용이 함께한다.

나아가 노년이 도달하는 부정성의 극단화는 자기 삶의 기억뿐만 아니라, 자기가 속한 사회적·역사적·정치적 갈등을 새롭게 해석하고 이해할 수 있는 가능성을 선사한다. 예를 들어, 6·25 전쟁 당시 좌우 대립의 기억과 잔혹했던 베트남 전쟁의 기억 등은 당시를 살았던 노년들이 새롭게 과거의 잘못에 대해 용서를 구함과 동시에 용서하면서 다시는 그런 아픈 사건이 발생하지 않도록 노력할 수 있는 사회적·역사적·정치적 원동력이 된다. 그리고 이제 노년의 화해와 재해석의 능력은 그들의 삶을 보다 너그럽고 관용 넘치는 삶으로 변화시킨다.

노년의 두 번째 의미는 부정성의 극단화를 통한 사회시스템으로부터의, 즉 사회가 요구하는 효율성으로부터의 거리두기이다. 부정성의 극단화 안에서 노년의 사람들은 자본주의적 효율성(효용성)을 강요하는 사회시스템을 더 이상 따를 필요가 없으며, 오히려 거기로부터 정신적·육체적으로 벗어남으로써 자기 자신으로 머무를 수 있게 되고, 쉼을 얻을 수 있게 된다.

우리는 우리 사회가 인간을 존중하는 사회라고 자부한다. 그리고 이러한 이유에서 사회발전의 척도는 항상 인간에 대한 태도를 기준으로 선택한다. 그러나 인간 존중의 특징을 지닌 현대 사회에서 특이하게 문제가 되는 부분은 전통사회와 다르게 노년의 권위와 존중 의식이 낮아지고 있다는 점이다. 사회가 급변함으로써 겪게 되는 피치 못할 상황 등은 분명히 존재할 수밖에 없다.

하지만 인간 존중을 그 어느 때보다 주장하는 현대 사회가 노년에 대한 존중만은 결핍되어 가고 있는 현실의 원인은 단순히 사회적 변화에서만 찾을 수 없다. 오히려 노년 존중의 결핍은 인간을 평가하는 사회 기준이 경제적·물질적 효용성(효율성)에 맞춰지는 상황으로부터 나타났다고 볼 수 있다. 자본주의적 논리가 팽배한 현대 사회는 인간을 언제나 경제적 가치나 효용성의 원리에 따라 평가하며, 그래서 사회 안에서 노년들은, 특별히 가난한 노인들은 버려져도 되는 존재로 간주된다.

분명한 것은 노년에 대한 평가와 관련하여 우리 사회가 분명 오류를 범하고 있다는 점이다. 왜냐하면 노년을 효율성의 기준으로 무시하는 사람들마저도 언젠가는 늙을 수밖에 없으며, 그럼으로써 그들도 효율성의 기준에 따라 무시당할 수밖에 없는 때가 오기 때문이다. 현대 한국에서 흔히 볼 수 있는 폐지 줍는 할머니, 탑골공원에 앉아 공짜점심을 기다리는 할아버지 등 노인들의 모습은 젊은 세대가 금방 경험하게 될 나의 모습이다.

우리는 앞서 언급된 노년의 일과를 결코 무시하거나 비하해서는 안 된다. 이와 반대로 우리는 그 노년의 삶 자체가 그것의 경제적 평가와 상관없이 얼마나 존중되고 있으며, 나아가 노년 인구 자체가 그들의 삶 안에서 얼마나 행복을 느끼고 있는지에 더 초점을 맞출 필요가 있다. 무조건 노년의 행복을 경제적 문제로만 환원시키려는 시도는 복지제도만이 노년의 힘든 삶을 해결할 수 있다는 잘못된 통념을 만들어 낼 뿐이다.

노년 삶의 행복을 위해 우리가 숙고해야 할 것은 직면하고 있는 부정성 극단화의 상황 안에서 그들이 그 자신으로 머물면서 쉼을 획득할 자격이 있다는 사실이다. 부정성의 깨어짐을 경험하는 인간은 일차적으로 사회가 요구하는 노동으로부터 거리를 둘 수밖에 없기 때문이다. 이것은 노년이 사회의 역할에 대해 방임하는 것도 아니며, 사회로부터 버림받는 것도 아니다. 노년은 사회를 위한 충분한 노동의 시간을 '이미' 보내왔고, 이제 육체적 깨어짐, 즉 노화 때문에 더 이상 사회의 효용성을 만족시킬 필요가 없는 단계에 이르렀다. 만족시킬 수도 없고, 만족시킬 필요도 없다. 다시 말해, 그는 이제 노화되었고, 그의 일을 이미 충분히 수행하였으며, 그래서 사회는 그에게 자본주의적 효율성을 따르는 노동을 요구할 수 없고, 요구해서도 안 된다.

노년에 도달한 인간은 은퇴를 통해 사회 책무로부터의 쉼을 얻고 있으며, 또한 얻을 수 있는 자격을 갖추고 있다. 노년은 부정성의 극단화 안에 놓여있는 한 현대 사회가 강요하는 효율적 역할들로부터 거리두기를 해도 괜찮은 시기이다. “많은 거대한 삶의 경험을 통해 노년에는 초연할 기회가 존재한다.”[122] 이러한 의미에서 그 누구도 노년의 삶을 마음대로 가치판단 할 수 없으며, 그를 단순히 부정적인 어떤 상황으로 규정할 수 없다. 오히려 부정성의 극단화 안에 놓여있는 노년은 그 자체로 의미 있고 아름다운 삶을 살고 있다.

그리고 이러한 사실은 세상에서 어떤 위치에 있는 노인들이라도 마찬가지이다. 왜냐하면 부정성의 극단화 안에서 이미 그들은 세상의 효율적 가치판단으로부터 벗어날 수 있는 자격을 갖추게 되기 때문이다.

지금까지 우리는 노년이 처한 부정성의 극단화 경험을 살펴보고, 이것이 노년에 어떠한 의미를 지니고 있으며, 나아가 새로운 삶과 관계를 가능하게 하는지에 대해 논의했다.

인간은 죽음을 통해 나약하고, 깨어질 수밖에 없는 부정성

---

122) Rentsch, *Negativität und praktische Vernunft*, 2000, 175.

의 존재이다. 특별히 인간이 이처럼 부정성에 직면할 수밖에 없는 이유는 그가 현실적인 조건 안에서 죽음을 결코 극복할 수 없으며, 그래서 그는 항상 고통에 처해있을 수밖에 없기 때문이다. 다시 말해, 부정성은 결코 긍정적인 어떤 것으로 환원되지 않고 고통스럽게 남아 인간의 삶을 어떤 새로운 형태 안으로 끊임없이 개방해 버린다. 이것은 고통, 죄책, 죽음 등의 부정성이 모든 삶의 운동을 성격 규정하고, 각인한다는 것을 의미한다. 그러나 앞서 살펴보았던 것처럼, 본 연구를 통해 얻게 되는 통찰은 결코 우리가 처한 부정성의 상황이 무조건적인 허무는 아니라는 사실이다.

부정성이란 죽음, 나약함, 깨어짐과 같이 인간이 극복할 수 없는 그 삶의 기본적인 요소이며, 나아가 인간의 삶에 철저히 침투하여 삶을 구성하는 어떤 것을 의미한다. 그러나 인간은 이러한 부정성의 '아님'을 통해 한계에 부딪힘과 동시에 자기 자신을 넘어서며, 이러한 사건은 이제 노년의 삶 안에서 극단화된다.

특별히 부정성을 통해 만날 수 있는 사항은 우리의 부정성 극단화로서의 노년이 절망에 머물 수 없다는 점을 깨닫게 만드는 것이다. 오히려 노년은 전적으로 다른 철학적 의미와 새로운 삶과 관계를 획득할 수 있으며, 이것의 근거는 인간이 부정성의 극단화 안에서 자신과 자신이 속한 사회의 갈등을 용서함과 동시에 현대 사회 안에서 강요되고 있는 자본주의적 효율성에서 벗어날 수 있기 때문이다. 보다 적극적으로 말하자면, 노년에 이른다는 것은 이제야 비로소 인간으로서 그리고 자기 자신으로서 성찰하고 행동할 수 있게 됨을 의미한다.

노년이 직면하는 부정성의 극단화란 그를 괴롭히고, 그를 사라지게 만드는 허무한 어떤 것이 아니다. 오히려 노년의 인간들이 마지막으로 세상과 화해하고, 그 세상 안에 놓여있는 원한과 미움들을 함께 이야기하고 해소할 수 있는 중요한 장치이다. 또한 이 부정성의 극단화를 통해 이제 노년은 마지막을 준비하는 쉼을 얻을 수 있다.

더 이상 노년은 사회가 요구하는 긍정성에 억지로 따를 필요가 없다. 긍정적인 것만을 과도하게 요구하는 사회의 통념에 맞서서 노년은 이제 자신의 상실과 더불어 자기 자신으로 만들어주는 그 부정성을 받아들일 단계이다.

부정성의 극단화를 통해 자기 자신이 된다는 것은 긍정적인 어떤 것만을 요구하는 사회에서 보자면 쓸모없는 것이지만, 그것을 받아들이는 자들에게는 분명한 쉼의 시작이다. 마음대로 지배할 수 없는 노화와 죽음, 즉 부정성을 통해 본래 자기 자신이 된 노년은 결코 사회에서 요구하는 경제적 지표에 따라 평가될 수 없다. 인간에게 진정한 가치의 기준이란 자본주의적 효율성 혹은 효용성이 아니라 본래의 자기 자신이 되는 것이기 때문이다.

결론적으로 노년이 직면한 부정성의 극단화란 철학적 관점에서 단순히 그를 괴롭히고, 그를 사라지게 만드는 허무한 어떤 것만은 아니다. 오히려 부정성이 극단화되는 시간 안에서 노년은 기존의 세상이 가지고 있는 상식들을 해체하고 새로운 삶을 시작할 수 있는 계기이다. 더 이상 노년은 사회가 요구하는 삶의 상식과 가치에 무조건 순응할 필요가 없다. 오히려 노년은 세상에 따르라고 강요하는 통념, 상식, 법칙 등에 맞서 이제 새로운 꿈을 꾸고 새로운 삶과 관계로 초월해 나갈 수 있는 시간에 들어서 있다.

(《현대유럽철학연구》 제45집, 2017, 149~172 게재)

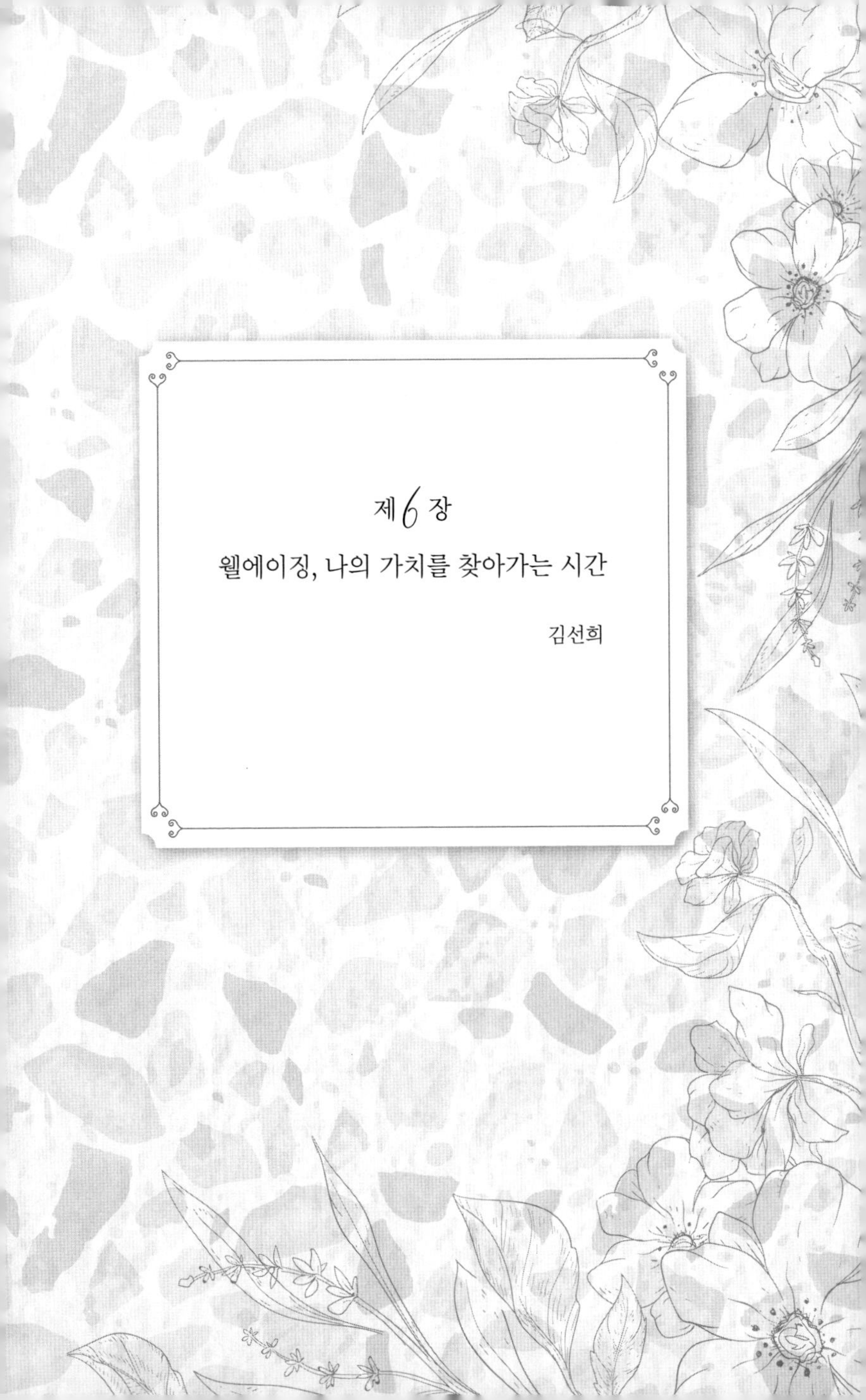

제 6 장

웰에이징, 나의 가치를 찾아가는 시간

김선희

—

잘 늙는다는 것, 잘 늙어간다는 것은 어떤 의미일까? 소위 웰에이징이란 무엇인가? 이것은 오늘날 고령화 시대를 살아가는 모든 이에게 화두로 던져진 물음처럼 보인다. 그런데 이 문제를 다루는 방식이나 담론들을 보면, 이 물음에 대한 근본적인 성찰은 부족해 보인다. 웰에이징이나 노년에 대한 담론들은 좋은 노년을 위해 필요한 자원이나 조건(예컨대, 건강, 돈, 관계 등)을 다루는 데 치중되어 있기 때문이다. 하지만 각자의 삶에 대한 성찰 없이 노년에 충족하거나 해결해야 할 문제들이 모든 사람에게 동일하다는 전제 아래 진행되는 그런 담론이 얼마나 유효한지 생각해 보아야 한다.

잘 늙어간다는 것, 좋은 노년의 삶을 사유하기 위해서 우리는 다음 물음을 피해 갈 수 없다. 나의 삶은 어떠했는가? 삶을 살아오면서 나는 어떤 사람이 되어 있는가? 이제 나는 어떻게 늙어가고 싶은가? 나의 삶을 어떻게 완성하고 마무리하고 싶은가? 이 물음은 각자에게 던져진 물음이며, 이에 대한 답 역시 자기 삶을 성찰하며 스스로 찾아야 한다.

우리는 사는 동안 수많은 선택을 하며, 그 선택에 따른 행동이 우리를 특정한 사람으로 만들어준다. 그 선택이 떳떳하고 마음에 들었다면 자신에 대한 긍정과 믿음을 가질 수 있을 것이며, 그렇지 못했다면 자책과 후회가 남을 것이다. 그렇게 행위를 한 세월이 쌓여 지금의 자신과 같은 사람이 되었다. 노년의 시간은 그러한 선택과 자기의 모습을 점검하고 성찰하기 위한 시간이다.

이처럼 각자의 선택과 살아온 삶이 다르고 추구하는 가치가 다르다면 외부에서 남들이 제시하는 지침 속에서 답을 찾으려는 시도는 별 도움이 되지 않는다. 바람직한 노년의 모델은 밖에서 찾을 수 없고, 살아온 삶을 바탕으로 또 가치관을 토대로 자기만의 답을 찾아야 하는 문제이기 때문이다.

이 글에서 필자는 살아온 삶을 토대로 진정 자신이 추구하는 가치에 맞는 노년의 삶을 스스로 찾아가는 성찰의 기회를 마련하고자 한다. 그리하여 진정 자신과 자기 삶을 대면하여 어떻게 삶을 잘 마무리하고 완성할지, 어떻게 진정 가치 있는 노년의 시간을 보낼지 함께 생각해 보고자 한다.

1. 잘 늙는다는 것의 모델이 있을까?

잘 늙는다는 것의 모델이 있을까? 노년의 이상적 모델을 찾는 것이 구체적인 개개인에게 적합한 접근이라고 볼 수 있는가? 사람마다 젊은 시절을 거쳐 살아온 삶이 다르다면, 각자 살아온 삶을 성찰하고 돌아보지 않고서는 바람직한 노년의 모델을 찾기란 어려울 것이다. 노년기에 이르러 삶을 잘 마무리하기 위해서는 살아온 삶을 돌아보고, 그동안 맺은 관계를 돌아보며, 화해하고 회복하는 것이 필요하다. 동시에 자신을 잘 돌보며 살았는지, 자신과의 관계를 돌아보며 화해하고 치유해야 한다.

만일 삶의 균형이 부족했다면, 균형을 잡는 개선이 필요할 수 있다. 예컨대, 평생 남들만을 위해 살아온 사람은 자신을 위하고 돌보는 삶의 전환을 소망할 수 있다. 반대로 자기 위주로 살아온 사람이라면, 그러느라 희생한 주변 사람을 배려하는 삶으로의 전환이 필요할 수 있다.

이처럼 노후의 바람직한 관계나 좋은 삶은 각자 살아온 방식의 차이만큼이나 다르다. 그렇다면 아무리 좋은 노년의 삶이나 관계 방식이라고 해도 누구에게나 바람직한 것은 아닐 것이다. 그래서 일반적으로 좋은 노년의 모델을 찾는 것은, 그것이 자신의 구체적인 삶을 반영하지 못한다면 허상에 불과하다.

오히려 좋은 노년의 모델은 살아온 삶을 토대로 각자 주체적으로 정립되어야 한다. 잘 늙어간다는 게 무엇인가라는 물음의 답은 남들이 제시하는 이론이나 지침에서 찾을 수 없으며, 자기 삶을 토대로 자신의 가치관으로부터 답을 찾아야 하는 문제이다. 그리하여 이 물음은 다음 세 가지 일인칭 주체적인 물음으로 구체화 되어야 한다.

첫째, 나는 살아오면서 어떤 사람이 되어 있는가?

둘째, (지금의 내가 아쉽거나 마음에 들지 않다면) 나는 어떤 사람이 되고 싶은가?

셋째, 그렇다면 나는 지금 무엇을 해야 하는가?

이 세 가지 물음의 답은 외부에서 객관적으로 주어지는 것이 아니라 스스로 답해야 할 문제이자 임종의 순간에 다시 마주하게 될 문제이다. 이 물음으로 찾아가는 좋은 노년의 모델은 밖에서 찾을 수 없다. 오히려 노년기에 이르러 진정 자기 삶을 잘 마무리하려면, (예전과 달리, 혹은 예전보다 더욱) 남의 시선으로부터 자유로워져야 하고, 자기 삶에 주인공이 되어 자신에게 정직하게 물어야 한다.

나는 지금 어떤 사람이 되어 있는지 겸허하게 성찰하고,

나는 어떻게 늙어가고 싶은가, 나는 어떤 사람으로 삶을 마무리하고 싶은가, 인생의 마지막 단계에서 어떤 사람이 되고 싶은가, 또 그런 사람이 되려면 지금 무엇을 해야 하는가? 그리고 살아온 삶을 바탕으로 스스로 답을 찾아야 한다. 이것을 수행하는 것이, 즉 이 물음을 따라 자기 삶을 성찰하며 더 나은 삶으로 나아가는 것이 잘 늙는 과정의 중심을 이룰 것이다.

결국 웰에이징은 나의 가치를 찾는 것이며, 최선의 가치를 찾아가는 그 시간이 노년에 필요한 시간이다. 이는 동시에 살아온 삶과 죽음을 명상하는 시간이며, 최상의 삶을 향해 나아가는 과정이다. 웰에이징에 대한 위의 세 가지 물음을 통해 자신의 가치를 찾아가는 것이 노년의 과제인 동시에 스스로 성찰해야 할 문제이다. '잘 늙어감'이란 전체로서의 자기 삶을 완성하기 위해 그 소명을 자각하며 자신의 역할을 다하는 것이다.

그렇다면 삶을 성찰한다는 것은 무엇인가? 노년의 삶 성찰이란 한평생 살아온 삶을 대면하고 나의 삶은 어떠했는지, 그 삶은 나를 어떤 사람으로 이끌었는지, 내 삶이 좋은 삶이었는지, 아쉬운 것이 있다면 무엇인지, 그것을 어떻게 만회할 것인지 등을 스스로 성찰하고 점검하는 것이다. 타인의 평가를 떠나 정직하게 스스로 자기 삶을 평가하는 것이다.

또한 살면서 타인과의 불화가 있다면 그것을 해결하는 것도 필요하지만, 더욱 중요한 것은 마음에 들지 않는 자신과의 불화를 해결하는 것이다. 노년의 시간은 평생을 살며, 내가 어떤 사람이 되어 있는지 성찰할 시간이다. 그 과정에서 지금의 내가 마음에 드는지, 마음에 들지 않다면 무엇이 문제인지, 또한 '수많은 선택을 하고 수많은 일을 겪으면서 더 정직하고 선량한 사람, 보다 따뜻하고 너그러운 사람이 되었는지, 그렇지 못하다면 이제 무엇을 해야 할 것인지'를 찾고 실행해야 할 때이다.[123)]

우리는 위의 세 가지 주체적인 물음을 통해 자기 삶을 검토하면서 자신에게 정직하게 묻고 답하며 사유해야 한다. 그 과정에서 나 자신을 위해 마련된 주체적 진리가 탄생한다. 남이 마련한 내 몸에 맞지 않는 옷의 진리가 아니라, 노년을 향해가는 나에게 꼭 필요하고 적합한, 그리하여 나의 삶을 완성해 줄 주체적 진리를 만날 수 있다. 노년의 시간은 그러한 성찰을 위해 허락된 시간이며, 삶을 온전히 하기 위해 주어진 축복받은 시간이다.

---

123) 조앤 치티스터 저, 이진 옮김, 《세월이 주는 선물》, 문학수첩, 2010, 211.

2. 노년기의 자아 성찰과 가치관 사고실험

노년은 평생을 거쳐 자신이 어떤 사람이 되었는지, 성찰할 시간이다. 살아온 삶이 형성한 자신을 점검하고, 한 사람으로서의 온전한 자신을 가꾸며, 보다 크고 보다 나은 사람이 되라고 주어진 시간이다. 그렇다면 가치 있는 것을 수행하고 자신을 온전하게 가꾸기 위해 살아온 삶을 성찰하는 것을 우선시해야 한다.

먼저 자신이 살아온 삶을 정직하고 겸허하게 돌아보아야 한다. 살아온 삶의 방식을 모르고서는 더 나은 삶으로 나아갈 수 없기 때문이다. 그러면 노년에 이르러 어떻게 자신과 자신의 살아온 삶을 성찰할 수 있을 것인가? 여기서 노년의 삶을 성찰하기 위해 필자가 철학 상담 방법으로 고안한 몇 가지 사고실험 모델을 노년기의 상황에 맞추어 서술해 보고자 한다.[124)]

철학적 사고실험이란 철학사상을 이용하여 상상적 상황을 설정한 후, 자신이 그 상황에 있다고 상상할 때 일어나는 자신의 반응과 그 이유를 검토하는 것이다. 그 상황에서 자신의 반응을 있는 그대로 솔직하게 바라보고 그 이유를 성찰

---

124) 김선희 저, 《철학상담 방법론: 철학적 사고실험과 자기치유》, 아카넷, 2016.

함으로써 자기에 대한 이해와 새로운 깨달음을 얻도록 돕는다. 여기서는 특별히 노년의 시기에 맞춘 두 가지 사고실험에 대해 살펴보기로 한다. 바로 가치관 사고실험과 영원회귀 사고실험이다.

먼저 노년기의 자아 성찰을 위한 가치관 사고실험에 대해 알아보자.

쇼펜하우어의 세 가지 가치 범주를 사용한 가치관 사고실험의 내용은 다음과 같다. 그는 일반적으로 사람들이 추구하는 가치, 혹은 자기 가치감을 획득하고 유지하는 방법 세 가지를 제시하였다.[125)]

첫째는 소유(내가 가진 것)로, 그것은 부와 재물과 같은 재산이다. 둘째는 표상인데, 남이 평가하는 것으로 사회적 명성이나 명예에 해당한다. 셋째는 존재로, 훌륭한 양심이나 탁월한 성품과 같은 내적 풍요와 사람 됨됨이를 가리킨다. 이것은 존재 자체의 가치로 자기 충족적인 가치와 내면적 자유를 의미하기도 한다. 쇼펜하우어의 사상을 토대로 한 가치관 사고실험은 자신의 가치와 행복의 뿌리를 돈, 명예, 존재 중 어디에 두고 있는지 성찰하도록 해준다.

125) 아르투어 쇼펜하우어 저, 권기철 옮김, 《세상을 보는 방법》, 동서문화사, 2005, 220~314 참고할 것.

가치의 첫 번째 범주는 우리가 소유하는 것으로 재산이나 물질의 가치로, 돈으로 환산될 수 있는 것이다. 자본주의 사회에서 돈은 사람들이 원하는 것을 실현해 주는 막강한 수단이다. 문제는 그 수단이 점차 목적으로 변해가고 있다는 점이다. 돈이면 무엇이든 할 수 있고, 돈을 많이 소유할수록 자신의 가치도 증가한다는 물신주의 사고방식이 증대하고 있다. 그러나 돈을 자기 가치의 궁극적 기준으로 삼자마자 역설적으로 자신은 돈의 노예가 되어 버린다. 돈에 몰두하고 돈을 추구할수록 자유가 증대하기보다 돈의 논리에 예속되어 내적 자유를 저당 잡히고, 때로는 돈에 눈이 멀어 양심을 잃어버리기도 한다.

두 번째 가치인 표상이란 무엇인가? 표상은 남의 생각이나 남의 견해 속에 나타난 자아, 즉 남이 바라보는 자신이다. 표상은 다른 사람의 눈에 비친 나의 모습으로 남에게 어떻게 보이느냐가 중요하다. 그렇게 보면 표상의 가치는 사회적 지위나 좋은 평판, 혹은 명성, 명예와 같이 남이 인정해 주거나 남에게 의존하는 가치라고 할 수 있다.

그런데 쇼펜하우어에 의하면 남의 견해나 타인의 생각 속에 나타나는 우리의 모습은 행복이나 가치에 본질적인 것이 될 수 없다. 우리는 망상에 사로잡혀 그것을 너무 높이 평가하는 경향이 있으며, 그 결과 남의 견해의 노예가 되어 전전

긍긍하게 된다. 남의 칭찬이나 명성에 길들면 남의 평가 기준에 따라 눈치를 보며 자기 삶을 낭비하게 된다.

하지만 우리의 가치나 행복은 근본적으로 자신의 존재 그 자체의 내적 충족과 훌륭함에 달린 것이지, 재산이나 물질의 소유나 사회적 평판(혹은 명예)에 있는 것은 아니다. 내적 정신과 성품이 풍요롭고 자유로운 자아, 자기 충족적인 삶이 자존감을 유지하며 가치 있는 삶으로 가는 지름길이다.

이것이 바로 세 번째 존재 가치이다. 소유(돈)와 표상(명예)은 외부적 요인과 타인에 의존적인 가치이며, 누구에게 과시하거나 보여주기 위한 것이다. 그것은 자신에게 자긍심과 행복을 보장해 주지 못한다. 누구에게 보여주기 위한 것이 아니라 자기 충족적인 내적 자유(즉 존재 가치)를 잃지 않는 것이 행복과 자신의 가치를 유지하기 위한 필수조건이다. 그것이 토대가 되지 않으면 돈의 노예나 권력과 명성의 노예로 전락하기 쉽다. 자신의 인생과 삶의 가치를 스스로 결정하기보다 남에게 맡겨버리는 어리석음을 범하는 것이다.

그런데도 쇼펜하우어의 세 가지 종류의 가치 범주를 사고실험으로 구성하여 상담에 사용하는 것은 어떤 교훈을 제시하거나 쇼펜하우어의 사상을 전달하기 위한 것이 아니다. 또한 이 사고실험의 목적은 세 가지 종류의 가치를 배타적으로 간주하거나 금욕적인 결론으로 가기 위한 것도 아니다. 그보다 이 사고실험을 통해 자신의 가치관을 명료하게 인식하고, 그것에 비추어 스스로를 더 잘 이해하거나 문제상황을 올바로 깨닫게 하기 위한 것이다.

이 사고실험의 핵심은 자신이 추구해 온 가치를 이해하기 위해 쇼펜하우어의 세 가지 가치 기준에 비추어 가치관을 성찰하는 것이다. 즉 세 종류의 가치 범주 안에서 자신의 가치와 삶의 모습을 검토해 보는 실험이다. 사람들이 추구하는 가치들은 다양한데(돈, 우정, 사랑, 가족애, 효, 명예, 봉사, 자기실현 등등), 그 다양한 가치들을 세 가지 종류의 범주로 분류하고 자신의 가치는 어디에 속하는지 성찰해 보는 것이다.

나는 소유 및 표상의 가치와 존재의 가치 중 어느 쪽에 비중을 두는지, 그 이유는 무엇인지, 나의 가치관에 만족하는지, 가치관의 변화가 있었는지(있었다면 그 계기는 무엇인지), 그러한 가치관이 내 삶에 어떤 영향을 미치는지, 가치관 갈등의 요인은 무엇인지 등 가치관을 둘러싼 여러 가지 문제를 검토하고 성찰하는 기회가 될 수 있다.

이러한 사고실험을 통해 자신이 어떤 가치를 추구하며 살아왔는지, 또 그런 가치를 추구하는 삶이 자신을 어떤 사람으로 형성했는지 깨닫게 해준다. 그런 점에서 가치관 사고실험은 자아 성찰의 한 방식이 된다. 또한 가치관을 검토함으로써 각자 자신의 방식으로 가치관을 개선하거나 조정해 가는 방법을 모색할 수 있다.

그렇다면 노년기의 자아 성찰을 위해, 특별히 이 사고실험은 어떤 역할을 할 수 있는가? 노년기를 위한 가치관 사고실험은 다음 물음의 안내를 받아 이 시점에서 필요한 성찰과 자신에게 적합한 답변을 찾을 수 있게 해준다.

나의 삶에서 가장 중요한 것, 혹은 가장 소중하다고 생각하는 것은 무엇인가요? 그동안 어떤 가치에 따라 살아왔나요? 그리하여 어떤 사람이 되었나요? 이제 어떤 가치를 추구하고 싶은가요? 어떤 사람이 되고 싶은가요? 인생을 마감할 때, 홀로 죽음을 맞이할 때, 나는 어떤 사람이 되고 싶은가요? 마지막에 남는 것은 무엇일까요? 누구에게 무엇을 남기고 싶은가요? 누군가에게 어떤 사람으로 기억되고 싶은가요?

이 물음들이 안내하는 가치관 사고실험은 내가 무엇을 추구하며 살아왔고, 그것이 지금의 나를 어떤 사람으로 만들었는지를 보여준다. 나아가 자신의 한계를 성찰하며, 마지막 순간에 자신이 원하는 사람이 되기 위해 어떻게 바꿔야 하고 무엇을 해야 하는지 성찰하도록 해준다. 즉 이 사고실험은 서두에서 제기한 세 가지 주체적 물음에 대하여 각자 자신의 답변을 찾는 데 도움을 준다.

3. 노년기 삶의 성찰과 영원회귀 사고실험

다음은 노년기의 자아 성찰을 위한 영원회귀 사고실험에 대해 살펴보기로 한다. 니체는 영원회귀 사상을 통하여 삶을 성찰하기 위한 사고실험으로 우리를 이끈다. 영원회귀란 우리의 삶이 영원히 똑같이 반복된다는 사상이다. 믿기 어려운 이 사상을 어떻게 이해할 수 있을까? 다음과 같이 생각해 볼 수 있다.

시간은 무한한 반면에 우리의 삶은 유한하다. 무한한 시간 안에서 유한한 것들(행동이나 사건들)은 이미 예전에도 한 번 일어났던 것이고, 앞으로도 또 일어날 것이다. 무한한 시간대에서 유한한 것들은 이미 일어났고, 다시 일어날 것이며, 그렇게 무한히 반복될 것이다. 그래서 유한한 우리의 삶도 똑같이 영원히 반복될 것이다. 이런 사상이 증명에 성공했는지는 의문이지만, 적어도 우리 삶에 대해 강력한 사유 실험을 제공해 준다. 적어도 실천적으로, 니체의 '영원회귀' 사상은 지금 나의 삶과 완전히 똑같은 삶을 영원히 반복하게 된다면 어떨지 생각하게 함으로써, 내가 살아온 삶 전반에 대해 성찰하는 사고실험을 제공한다.[126] 다음을 상상해 보자.

당신의 삶이 영원히 반복된다고 상상해 보라! 지금까지 살아온 내 삶의 모든 것들이 한 치의 차이도 없이 완전히 똑같이 영원히 반복되는 것을 상상해 보라! 그렇게 나의 삶이 다시 반복된다면, 그것도 영원히 똑같이 반복된다면, 어떤 느낌, 혹은 어떤 생각이 드는가? 당신은 영원히 지금과 똑같은 삶을 반복하여서 살고 싶은가?

이 사고실험, 즉 '내가 살아온 똑같은 삶을 계속 되풀이하면서 영원히 반복한다'는 생각은 지금 자신이 어떻게 살아가고 있는지를 직시하게 해준다. 자신이 살아온 삶을 대면하고 또한 자기 삶을 어떻게 이해하는지 바라보면서 우리의 정신을 일깨워 주는 자극제가 된다.

또한 나의 삶이 다시 반복된다고 하더라고 나의 의지로 기꺼이 그 삶을 선택할 것이라고 확신할 만큼 후회 없이 충실하게 살았는지, 아니면 다시 반복되는 그 삶이 끔찍하고 참을 수 없는 고통을 불러일으키는지 (혹은 답답한지, 분노와 상처를

126) 프리드리히 니체 저, 정동호 옮김, 《차라투스트라는 이렇게 말했다》, 책세상, 2000, 357~367.

느끼는지, 슬픔과 고통에 휩싸이는지, 담담하게 받아들일 수 있는지, 의연하게 그런대로 좋다고 할 수 있는지 등 각자 자신의 반응들에 대해) 스스로 질문하도록 만든다.

만일 영원히 반복되는 자기 삶이 축복으로 들린다면, 반복되는 삶을 기꺼이 선택할 만큼 삶을 긍정하고 사랑하는 것이다. 하지만 그것이 저주로 들릴 만큼 영원회귀의 삶이 끔찍하다면 삶을 제대로 살지 못하고 있음을 말해준다. 이 다양한 반응은 바로 각자 자신이 살아온 삶의 모습을 반영한다.

왜 제대로 잘 살지 못하는가? 그 삶의 무엇이 문제인가? 또한 삶에서 무엇을 후회하고 있는가? (무엇이 왜곡되어 있거나 자유롭지 못한가? 아니면 미처 이루지 못해 고통스러운 것이 있는가?) 각자 자신을 향한 이 물음의 답을 찾는 과정은 삶을 대면함으로써 무엇이 중요하고 무엇이 문제인지 또 무엇을 해야 하는지 깨닫게 한다.

그런데 니체는 과거의 어떤 잘못을 후회하는지 묻기보다는 미래의 시점에서 무엇을 후회하게 될 것인가를 상상하도록 요청한다. '미래 관점에서 보는 후회'의 사고실험이다. 이것은 훗날 후회하지 않기 위해서 오늘 어떻게 살아야 하며, 어떻게 자기 삶을 변화시켜야 할지 생각하도록 자극하는 실험이다.

이 사고실험은 우리에게 먼 훗날 오늘을 되돌아볼 때 지금

하거나 하지 못했던 무언가를 후회하지 않도록 지금 올바로 선택하고 후회 없이 살 것을 촉구한다.

미래 후회 사고실험은 각자 언젠가 임종의 순간에 무언가를 후회하지 않기 위해 지금 행동할 때라는 메시지를 준다. 그 미래 시점에서 후회하지 않도록 지금, 삶을 변화시키기 위해 실존적 결단을 하도록 촉구하는 역할을 하는 것이다. 여기서 무엇을 하거나 하지 말아야 할지는 각자 살아온 삶과 가치관에 달려있다.

즉 각자 삶의 성찰을 통해 아쉬운 것이나 마음에 걸리는 것을 해소하고, 더 나은 사람, 더 나은 미래를 향해 남은 삶을 가치 있게 살도록 촉구한다.

이와 같이 니체의 사상으로부터 구성할 수 있는 영원회귀와 미래 후회 사고실험은 자기 삶에서 무엇이 문제인지를 성찰하고 후회 없는 삶을 살게 함으로써, 죽음을 긍정적으로 대면하도록 해준다. 노년의 영원회귀 사고실험이 지향하는 것은 살아온 삶을 직시하여 '무엇이 마음에 걸리는지, 무엇이 잘못된 것인지, 혹은 무엇을 바꾸고 싶은지, 나는 어떤 사람이 되었고 이제 어떤 사람이 되고 싶은지, 그러기 위해 지금 무엇을 해야 하는지' 등을 성찰할 기회를 제공하는 것이다.

4. 죽음의 명상과 노년의 시간

죽음을 명상한다는 것은 무엇인가? 대체 무엇을 명상한다는 것일까? 내가 죽을 미래를 상상하는 것인가? 죽음을 경험해 볼 수 없는 인간이 어떻게 그 죽음을 상상할 수 있는가? 사실상 죽음의 명상에서 중요한 것은 죽음 자체가 될 수 없으며, 죽을 존재인 자가 어떻게 살고 어떻게 죽음을 통과할 것인지 성찰하는 것이 관건이다. 죽음의 명상은 죽을 자가 죽음으로 드러나게 될 자신의 전체 삶을 사유하며 어떻게 삶을 완성할지 성찰하는 것이다.

죽음의 명상을 날마다, 혹은 매 순간 실천했던 스토아 학자들의 수행을 떠올려 보는 일은, 오늘날 우리에게도 죽음을 명상하는 실천을 위해 중요한 메시지를 전달한다. 고대 스토아 철학자들과 그 시대의 교양 있는 시민들은 매일 죽음을 연습하는 훈련을 했다. 그들은 죽음을 명상하기 위해 두 가지를 수행하였다.

하나는 과거 일별하기이고, 다른 하나는 현재의 시간 절단하기이다. 첫째, 과거를 일별한다는 것은 자신이 살아온 과거의 인생 전체를 한눈에 바라보는 것이다. 즉 인생 전체를 되돌아보는 것을 의미한다. 전체로서의 인생을 하나의 그림을 보듯 한눈에 떠올려 파악하는 것이다.

둘째, 현재를 절단한다는 것은 바로 지금 최상의 상태에 있는 것을 뜻한다. 삶을 미루지 말고, 오늘 지금이 마지막 순간인 것처럼 지금 최선의 사람이 되는 것, 자신의 최고 상태에 도달하는 것이다. 언제 죽더라도 후회 없이 죽을 수 있도록 충분한 삶을 살고 지금 최상의 상태에 있는 것이다. 그리하여 항상 최선의 사람, 최선의 삶에 이르도록 매 순간 점검하며 좋은 삶을 사는 것이다.

그렇다면 죽음의 명상은 결국 좋은 삶을 위한 명상이다. 죽음의 훈련과 사유는 현재의 가치를 파악하고 인생 전반을 총체적으로 회고하는 것이다. 또한 죽음의 명상은 앞으로 일어날 미래에 대한 것이 아니라, 과거와 현재에 대한 것이다. 즉 나는 지금까지 잘 살아왔는지, 지금 나는 잘 살고 있는지, 삶을 성찰하는 것이다. 결국 죽음의 명상 요지는 인생 전반을 돌아보며 매 순간 (잘 죽기 위해) 최선의 상태에 있어야 한다는 것, 항상 지금 최선의 삶을 살아야 한다는 것을 깨닫고 실천하는 것이다.

죽음의 명상이 지금 최상의 상태에 있기 위한 것이라면, 노년의 시간이 무엇을 위한 것인지 분명해진다. 노년기는 그 어느 시기보다 인생 전반을 총체적으로 회고하고 성찰하기에 적합한 시기이다. 노년의 시기에 이르면 인생의 어느 단계에서보다 자기 인생을 전체적으로 돌아볼 기회가 많아진다.

그럼에도 죽음의 명상은 과거에 머물지 말고, 더 나은 삶을 만들기 위해 무언가를 해야 할 때라는 걸 말해준다. 즉 노년의 시기는 인생의 회상에 머물지 않고 그것을 최상의 상태로 만들기 위해 전력을 다할 때이고, 또한 그럴 기회가 주어진 때이다. 노년의 시간은 자기 삶이 최상의 상태에 있도록 삶과 죽음을 명상해야 할 시간이다. 그리하여 자기 삶을 보다 나은 삶으로 마무리하고 완성시켜야 할 시간이다. 그럴 수 있다면 노년의 시간이야말로 진정 귀하고 소중하며 가치 있는 시간이다. 노년의 시간은 쓰다 남은 시간도 잉여의 시간도 아니다. 노년의 가치는 할 일 없이 남아도는 시간으로 처분되지 않고, 그 시간을 소중히 여기고 귀하게 사용하는 데 있다. 아무리 작은 것이어도 가치 있고 의미 있게 사용하는 데 있다.

이처럼 노년의 시간과 죽음의 명상을 실천한다면, 일상에 널려 있는 모든 것이 의미 있는 것이 된다. 예컨대, 자연을 만나고 하늘을 우러르며 맑은 얼굴로 맞이하는 것, 한 편의 시나 한 줄의 좋은 글을 읽고 쓰는 것, 만나는 사람에게 온화한 미소와 따뜻한 말을 건네는 것, 작은 나눔과 봉사를 실천하는 것 등 모든 것이 의미를 가질 수 있다. 이 작은 행동들이 자신을 보다 나은 사람으로 만들어준다면 얼마나 가치 있는 일이겠는가.

니체는 "제때 죽도록 하라. 사람들은 너무 이르게 죽거나, 너무 늦게 죽는다"라고 말한다. 여기서 너무 이르거나 늦다는 것은 다만 양적인 시간을 의미하는 것이 아닐 것이다. 알맞을 때의 죽음은 때에 맞는 죽음이다. 때에 맞지 않는 죽음이나 때를 모르는 죽음은 불시에 당하는 죽음이다. 그것은 죽음을 남의 일처럼 생각하다 제대로 살아보지도 못하고 불시에 죽음을 당하는 것이다.

적어도 불시에 죽음을 당하지 않으려면 어떻게 해야 할까? 스토아 학자들의 죽음 명상에서 하나의 중요한 실마리를 찾아볼 수 있다. 그들은 오늘 당장 죽어도 여한이 없을 정도로 자기 삶을 최상의 것으로 만드는 데 최선을 다하고자 했다. 피상적으로 살지 않고 진심을 다해 살았다. (죽음의 순간에, 그때야 자신이 그동안 임시로, 피상적으로 살았다는 걸 깨닫는다면 그것이야말로 최대의 낭패가 아닐 수 없다.)

마지막 그 순간에 자기 삶에 진심을 다한 시간을 떠올릴 수 있다면, 그럴 수 있다면, 오늘 죽더라도 받아들일 수 있는 준비된 죽음이며, 그렇다면 적어도 불시에 당하는 죽음은 면한 것이다.

5. 아름다운 노년, 자신에게 진정 가치 있는 것 하기

그렇다면 노년기에 죽음을 준비한다는 것이 무엇인지도 드러난다. 인간은 시간적 존재이다. 다시 말해 죽는 존재이다. 시간을 명상하는 것은 죽음을 명상하는 것이다. 시간을 가치 있게 보내는 것이 삶을 가치 있게 사는 것이다. 특히 노년기에는 시간을 효율적이고 생산적으로 사용하는 것에만 집중하기보다 (효율적이고 생산적인 시간은 젊은이에게 적합한 시간일 수도 있으나 노년이 되어서도 그런 것에만 시간을 모조리 쓰는 것은 삶의 통찰을 얻을 기회를 놓치는 일이 될 수 있다.) 자신에게 진정 가치 있는 것을 하는 것이 중요하다. 자신에게 가치 있는 그것은 무엇인가?

앞에서 언급한 사고실험을 통해, 각자 자기 삶에서 성찰할 수 있었던 것을 상기해 보자. 사고실험의 상상적 상황에서 각자 자신에게 묻고 각자 스스로 찾은 답변은 무엇인가? 노년의 가치는 바로 자신의 주체적 물음에서 찾은 답이나 거기에 들어있는 가치를 실천하는 것이다. 보다 나은 사람이 되고, 보다 나은 삶으로 마무리하기 위해 자신이 찾아낸 가치, 자신에게 진정 가치 있는 것을 하는 것이다.

노년의 시간은 소유와 표상(가진 것과 남의 시선)보다 자신의 선함과 훌륭함에 집중할 시간이다. 즉 자신에게 진정 가치 있는 것을 해야 할 시간이다. 나이가 들었어도 죽기 전까지 가치 있게 여기는 것을 하는 게 자기 삶을 사랑하며 책임지는 것이다. 그것이 죽기만을 기다리는 잉여의 삶이 아니라, 삶의 소중함을 느끼며 활기 있게 살아가는 원동력이 될 것이다.

자신에게 진정 가치 있는 것을 하는 것이 아름다운 노년의 모습이다. 노년의 시간이 무의미하지 않고 소중한 까닭은 그 시간으로 가치 있는 일을 할 수 있기 때문이다. 그렇지 못할 때 노년은 쓰다 남은, 버려지는 잉여의 시간에 불과하다. 그런 경우 그 누구도 그 시간을 귀하게 여기지 않는다. 그 시간을 하찮게 여길 뿐 존중하지 않는다.

톨스토이의 명작 《이반 일리치의 죽음》에서 주인공은 오로지 남의 시선을 의식하며 표상의 화신처럼 살아오다 죽음의 마지막 순간에 이르러 존재의 가치에 눈을 뜬다. 심신으로도 시간적으로도 너무 늦은 듯하지만 그는 죽음을 통과하면서 구원을 얻는다.

이는 마지막 순간에도 올바로 사고하고 가치 있는 일을 할 수 있다면 구원은 가능하다는 걸 감동적으로 보여준다. 노년의 시간은 마지막까지 진정 자신에게 가치 있는 일을 찾고 그걸 실행하는 것이 중요하다. 그것이 노년의 삶을 가치 있게 해준다.

또한 아름다운 노년은 '세월이 주는 선물'을 소중하게 음미하고 감사하게 받아들이는 것에 있다. 노년의 시간은 불안한 청춘과 고된 장년의 시간을 무사히 통과한 이들에게 주어지는 선물이다. '축복의 시간'이고, 감사해야 할 시간이다.

수고한 인생을 격려하자. 잘잘못을 겸허히 수용하고 보다 나은 사람이 되는 것에 집중하자. 그러기 위해 관용과 너그러운 마음을 타인에게만이 아니라 자신에게도 베푸는 것이 필요하다. 고된 삶의 시간에는 위로를 보내고, 잘 버텨낸 용기를 칭찬하며 자신을 격려하는 것이다. 그리고 인생 후반에 이르러, 노년의 명상 시간을 갖게 된 행운에 감사하자. 더 나은 삶을 향하여, 아직도 잘못을 바꿀 기회가 주어진 것이기 때문이다.

또한 여기까지 무사히 도달한 것에 감사하자. 세월이 주는 이 선물을 기쁘게 받아들여 즐겁게 누리고 감사하라. 살아남아 자신을 더 온전하게 가꿀 시간을 선물 받은 행운을 축복하자. 그리고 노년의 마지막 과제이자 소임을 다해야 할 시간에 결연한 의지가 깃들기를 스스로 기원하고 다짐하자.

6. 정직한 사유로 삶을 마무리할 시간

노년기의 마지막 과제는 자기 삶을 온전하게 마무리하고 완성하는 것이다. 그러기 위해서는 삶을 정직하게 마주하고 무엇이 진정 중요하며, 무엇이 결정적인지 직시해야 한다. 진실을 직면하고 마음에 안 드는 선택을 바꾸고 잘못을 만회하여 자기 삶과 화해하는 것이다. 그리하여 삶을 최선의 것으로 만드는 것에 집중하는 것이다. 이 과제를 수행하기 위해 자신을 대면하여 성찰하는 과정에서 정직하게 사유하는 것이 중요하다.

그러면 정직한 사유란 무엇이며, 그것이 자기성찰에서 왜 중요한가? 누구에게 무엇을 어떻게 해야 하는가? 이 물음과 관련하여 소크라테스의 격언을 떠올려 본다. 불의를 불의로 갚지 말라, 부당한 일/불의를 저지르는 것보다 부당한 일/불의를 당하는 편이 훨씬 더 낫다…. 왜 그런 것일까? 이것은 무슨 의미일까? 악행을 금지한다는 단순한 도덕적 교훈 이상의 뜻이 있는 것인가?

필자는 이 문제를 오래 고민하고 생각해 왔다. 실천이 어려웠던 것이 아니라, 소크라테스의 그 말이 진부함 이상의 의미가 있다면 그 말에 어떤 특별한 힘이 있다고 보았기 때문이다. 이와 관련하여 한나 아렌트는 흥미로운 분석을 했다.

그 요지는 단순하다. 대화의 기본 토대는 신뢰이다. 자신과의 대화(이것이 바로 사고다!)도 마찬가지다. 자신을 믿으려면 스스로 정직해야 하고, 그런 자기 신뢰의 토대 위에서 자신과의 대화, 즉 사고가 활발하게 촉진될 수 있다. 진정한 사유가 활기차게 창조적으로 전개되는 것이다. 이것이 정직과 자기 신뢰가 중요한 이유다. 그러니 자신과 불화를 겪는 것보다 세상 모든 사람과 불화를 겪는 편이 더 낫다. 즉 불의를 행하는 것보다 당하는 편이 더 낫다.

정직하지 않은 사람, 믿을 수 없는 사람과는 진정한 대화를 전개하기 어렵다. 그런 사람과는 피상적인 대화밖에 나눌 수 없다. 그런 관계에서는 대화는 물론 깊이 있는 진정한 의미를 생성할 수도 없다. 겉도는 말이 있을 뿐이다. 마찬가지로 자신을 신뢰할 수 없으면 자신과의 대화(사고)도 진전되지 않는다. 피상적으로 생각할 뿐 결정적이고 중요한 사유와 판단에 이르지 못한다. 세계와 자신을 바라보는 창조적이고 새로운 사유를 촉발하지 못한다. 거기에는 사실상 사유도 없고 성찰도 없다.

그런 점에서 자신에게 정직하고 자기 신뢰를 바탕으로 성찰하는 것, 이것이 삶을 성찰하고 나의 가치를 찾을 수 있는 최상의 방식이다. 만약 우리가 자신을 속이고 정직을 저버린다면 스스로 신뢰할 수 없을 것이다. 그렇게 되면 자신과의 대화가 멈추고 사유도 중단된다. 더 이상 사유가 진전될 수 없다. 사유를 가능하게 하는 것, 잘못에 빠지더라도 벗어날 수 있게 하는 것, 사유하고 그것을 다시 사유할 수 있는 것이 우리가 인간이 되게 하는 것이며, 이 모든 것의 토대는 바로 자기 신뢰이다.

노년의 시간은 타인의 평가와 시선을 의식하기보다 내면에 집중하여 스스로를 완성해야 하는 때이며, 그런 만큼 자신을 신뢰하는 용기가 더욱 필요하다. 그 용기는 그냥 주어지지 않으며, 자신과 불화를 겪지 않고 믿을 수 있는 정직한 성품에서 나온다. 노년의 시간은 사유하는 시간이고 자신에게 가장 가치 있는 것을 수행하는 시간이다. 이 최고의 과제를 수행하기 위해 가장 중요한 덕목은 정직과 자기 신뢰이다.

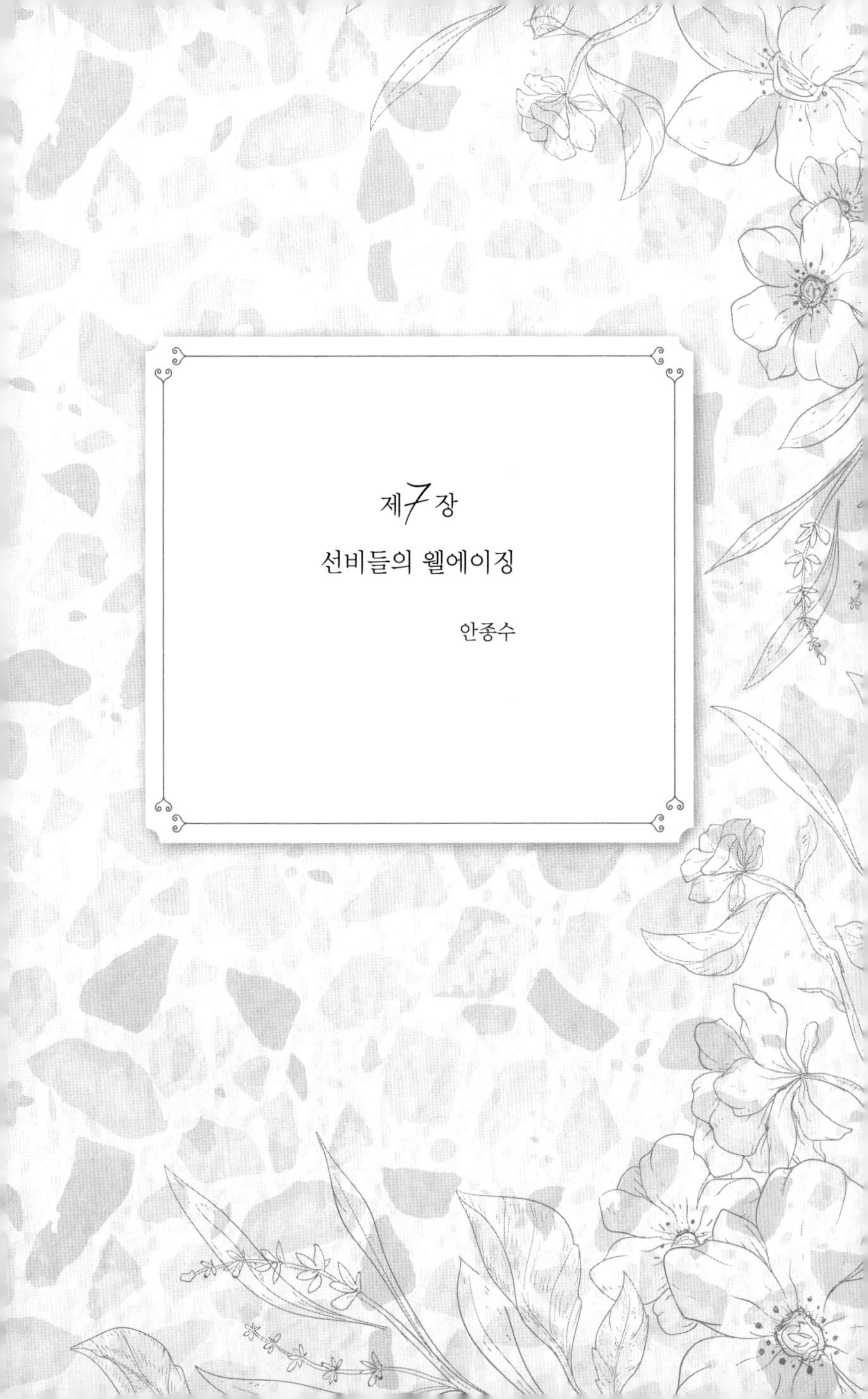

제7장

선비들의 웰에이징

안종수

우리나라는 지금 노인 인구가 점점 증가해서 고령화사회가 되었고, 머잖아 초고령사회가 온다고 한다. 많은 사람이 고령화사회가 가져오는 문제점들을 걱정하고 있다. 그런데 고대부터 사람들은 오래 사는 것을 복으로 여겼고, 장수를 위하여 여러 가지 노력을 하기도 했다. 우리가 잘 아는 진시황도 불사에 대한 희망을 품고 불로초를 구하려고 엄청난 재물을 투자하기도 했다. 진시황뿐만 아니라 옛날 다른 중국의 황제들도 불사약에 관심을 보였고, 직접 단약(丹藥)을 먹기도 하였다.

이제 그렇게 꿈꾸던 장수의 시대가 다가오고 있는데 다들 좋아하기보다는 고령화사회의 문제점을 지적하기에 바쁘다. 이런 현상을 우리는 아이러니라는 말로 표현해야 할 것 같다. 장수 시대가 가져오는 문제점들은 모두가 지혜를 모아서 해결하고자 노력한다면 충분히 해결할 수 있을 것이다.

몇 가지 문제점이 있다고 해서 우리가 장수를 폄훼할 수는 없다. 이제 인류는 인생을 보다 오랫동안 즐길 기회를 가지게 되었다. 앞으로 사람들은 적어도 과거의 세대보다 10년 내지 20년의 노후 시간을 더 누릴 수 있다. 이제 이 늘어난 시간을 잘 이용하는 방법을 생각해야 하고 또 그것을 실천하려고 노력할 필요가 있다.

늘어난 시간을 제대로 활용하지 못하면 무의미한 인생이 될 수 있고, 오히려 괴로운 인생이 될 수도 있다. 이 시간 동안 사회와 다른 사람에게 도움을 주는 일을 한다면 장수는 축복이 될 것이다. 또 수명은 늘어났지만 건강하지 못하다면 장수는 아무런 의미가 없다. 그래서 노인들은 건강관리에 관심을 가지고 건강한 몸을 위해 의사의 도움을 받아야 하며, 여러 가지 좋은 운동과 취미 활동도 해야 한다.

여기서는 웰에이징을 위해 조선시대 선비들의 생활에서 좋은 면들을 찾아보고자 한다. 선비의 사전적인 정의는 '벼슬을 하지 않는 양반'이다. 조선 초기 양반의 수는 전체 인구의 1~2% 정도였다. 이들은 말하자면 상류사회에 속하였고, 많은 혜택을 누리는 계층이었다. 이들의 생활은 먹고살기 위해서 일해야 하는 일반 백성들의 생활과는 완전히 달랐다.

이들은 노동하지 않기 때문에 많은 시간이 있었고, 그 시간을 학문이나 예술에 사용하였다. 책을 읽거나 글을 쓰거나 악기를 연주하는 등 여유 있는 생활을 할 수 있는 사람들이 선비였다. 선비들의 여러 가지 규칙적인 활동들을 보면 거기에 오늘날 우리가 찾는 웰에이징을 위한 길이 보인다.

먼저 선비들의 일과표를 통해 그들의 일상생활을 살펴보고, 거기서 오늘날 우리가 배우면 좋을 학문 활동과 취미 생활을 뽑아보았다. 독서, 서예, 시조창, 명상, 악기 연주 등이 그것들이다. 여유가 있는 선비들은 활쏘기나 말타기 등도 규칙적으로 연습했다. 옛날 선비들이 그렇게 열심히 공부했던 과목들을 오늘날 청소년들은 크게 중요하게 생각하지 않는다. 시대가 바뀌어서 사회가 필요로 하는 분야가 달라졌기 때문일 것이다.

그런데 그 내용을 자세히 보면 웰에이징에는 아주 좋은 내용들이 많다는 사실을 금방 알 수 있다. 노인들이 조상들의 문화 전통을 이어가는 점도 의미가 있고, 노후의 건강에도 도움을 준다면 그야말로 금상첨화일 것이다.

1. 선비들의 일과표

조선시대 선비들의 일상생활을 자세히 알 수 있는 〈사부일과(士夫日課)〉라는 자료가 발견되어서 우리는 그들의 생활을 더 많이 알 수 있게 되었다.[127] 이 일과표를 보면 선비들이 하루를 어떻게 보냈는지 잘 알 수 있다. 몇 시에 일어나고, 식사는 언제 하며, 독서는 어느 정도 하는지도 알 수 있다. 그들의 생활을 자세하게 아는 데 이보다 더 좋은 자료는 없다.

〈사부일과〉를 쓴 인물이 누구인지는 알려지지 않았다. 그렇지만 그 사람이 1800년 전후 청송 지역에서 살았던 선비라는 사실은 분명하다. 〈사부일과〉는 퇴계의 후손이면서 이상정(李象靖)의 문인이기도 한 어떤 인물이 국내외 유학자들의 언행을 널리 참고하여, 철저하게 유학적 입장에서 작성한 조선 후기 선비의 일과표이다. 〈사부일과〉의 중요한 내용은 다음과 같다.

① 인시(寅時): 오전 03:00~05:00

• 잠자리에서 일어난다. • 세수하고 머리 빗고 의관(衣冠)을 갖춘다. • 부모님 처소에 가서 새벽 문안을 드린다. • 집안사람들을 불러 사무를 정리한다. • 서실로 가서 조용히 앉아 독서한다.[128]

② 묘시(卯時): 오전 05:00~07:00

127) 황위주, "〈士夫日課〉를 통해 본 선비의 하루 日常", 《퇴계학논집》 15호, 영남퇴계학연구원, 2014, 95~117.

128) 같은 논문, 102.

• 의관을 정제하고 다시 부모님 처소에 가서 인사드린다. • 물러나 자제에게 그날 공부할 서책을 가르친다. • 연이어 식사 때까지 독서한다. 이때는 마음의 기운이 맑고 밝으니 독서와 궁리(窮理) 공부를 함이 마땅하다.

③ 진시(辰時): 오전 07:00~09:00

• 다시 부모님 처소에 가서 음식을 올린다. • 집안 식구들과 더불어 나누어 앉아 식사한다. • 물러나서 책을 본다. • 자제에게 글씨 쓰기를 부과한다. • 뜻을 같이하는 사람이 있으면 모여 강론(講論)한다. • 혹 출입하여 보고하고 알현한다. 이때는 일이 점점 많아지니 더욱 마땅히 존양성찰(存養省察)에 유의해야 한다. 존양은 모름지기 동정(動靜)에 일관되어야 하나 정(靜)을 주로 하고, 성찰은 모름지기 내외(內外)를 겸하여야 하나 기미(幾微)에 삼간다.

④ 사시(巳時): 오전 09:00~11:00

• 자제의 독서를 단속하고, 자신도 굳게 앉아 독서하며, 외물(外物)에 굴하지 않는다. • 사람이 혹 찾아오면 반드시 책을 정리해 덮고 더불어 이야기한다. • 손님이 있으면 예를 갖춰 맞이하여 접대한다. • 일이 있으면 사리에 맞게 조치한다. • 응접(應接)이 끝나면 곧바로 책을 대한다.

⑤ 오시(午時): 11:00~13:00

• 다시 부모님 처소에 가서 살피고 문안드린다. • 종들의

맡은 바 일을 검사한다. • 자제가 독서한 바를 검사한다. • 혹 벗을 만나 서로 어울려 충고한다. • 경사자집(經史子集)[129]을 음미하여 읽는다. • 혹 지인과 친구의 편지에 답장을 쓴다.

⑥ 미시(未時): 오후 13:00~15:00

• 오래 앉아 공부하여 정신과 기운이 피곤하니, 곧 조용히 앉아 함양(涵養)한다. • 때때로 거닐며 자연을 감상하여 기분을 전환한다. • 혹 예의(禮儀)를 강습(講習)한다. • 혹 시를 암송한다. • 혹 글씨를 쓴다. • 혹 셈을 익힌다. 이때 육예(六藝) 공부는 비록 부지런히 하나, 절대로 이단문자(異端文字)에 눈을 두지 말라. 이단을 배척하여, 진실을 어지럽히는 문자를 보지 말라.

⑦ 신시(申時): 오후 15:00~17:00

• 천천히 읽고 음미하여 충분하게 자득(自得)한다. • 언제나 정력(精力)을 아끼고 길러 병나지 않도록 한다. • 저녁이 준비되었다고 하거든 다시 부모님 처소에 가서 음식을 올리고, 식사를 다 하시면 물러난다. • 잠시 후 자제에게 독서한 것을 연달아 암송케 하고, 자신도 옛 말씀과 행적을 암송한다.

---

129) 경은 경서(經書), 사는 역사책, 자는 《맹자(孟子)》, 《노자(老子)》 등의 자서(子書), 집은 시(詩)·부(賦) 등의 집(集)을 말한다.

⑧ 유시(酉時): 오후 17:00~19:00

• 다시 부모님 처소에 가서 잠자리를 봐 드린다. • 인사를 올리고 물러난다. • 집안사람들에게 그날 맡은 바 일을 물어본다. • 자제들이 독서한 것 중에 의심나는 뜻을 강론한다.

⑨ 술시(戌時): 오후 19:00~21:00

• 등불을 들고 나가 집안을 돌아본다. • 등불을 밝히고 앉아 장부에 그날 일을 기록한다. • 자제로 하여금 낮에 읽었던 것을 복습하게 하고, 자신도 읽고 익히기를 게을리하지 않는다. • 독서를 마치고 곧 고요하게 본원(本原)을 함양한다. • 혹 가만히 의심스러운 뜻을 사색한다. 혹 다음 날 할 일을 헤아려본다.

⑩ 해시(亥時): 오후 21:00~23:00

• 의관을 벗고 잠자리에 든다. • 그날 행한 일을 두루 반성한다. • 눈을 감고 편안히 잔다. • 혹 바람이 세고 번개가 치며 비가 심하면 반드시 일어난다. • 혹 밖에서 급히 부르는 자가 있으면 천천히 일어나 대답한다.

⑪ 자시(子時): 23:00~01:00

• 편안히 잠들어 깊이 잔다. • 혹 잠이 깨더라도 잡생각을 하지 않는다. 이때 공부의 얕고 깊음을 꿈에서 체험할 수 있다. 꿈에서 마음이 바르고 뜻이 전일(專一)한지 알 수 있다.

이상의 일과표를 통해서 우리는 선비들의 생활에서 여러 가지 특징들을 알 수 있다. 예를 들면 부모님을 보살피는 데 많은 시간을 사용하였다는 것과 독서하는 시간이 많았다는 점 등이 눈에 띈다. 그리고 선비들은 공자 때부터 계속되었던 육예(六藝) 공부를 했다는 사실도 확인할 수 있다. 육예는 예(禮), 악(樂), 사(射), 어(御), 서(書), 수(數)이다. 이것은 유학에서 학생들을 가르치는 과목들이다. 이들 과목에서 활쏘기나 말타기는 아무 때나 할 수 있는 것은 아니다. 그렇지만 음악이나 서예 같은 과목은 누구나 쉽게 할 수 있는 공부이다.

그런데 이 일과표에는 명상에 해당하는 공부를 꾸준하게 했다는 사실도 나타난다. 예를 들면 존양성찰(存養省察)의 공부가 그렇고, 성현(聖賢) 기상(氣象)을 생각하는 공부도 명상에 가깝다. 고요하게 본원(本原)을 함양(涵養)하는 것도 명상 공부와 다름이 없다. 이황이 이미 경의 공부 방법을 말했는데 이것이 정좌이고, 요즘 말로는 명상과 같은 것이다. 현대에 와서 명상이 다시 주목받고 있다. 명상의 효과도 과학적으로 검증이 되었다.

2. 선비와 독서

선비의 일과표에서 본 것처럼 선비는 독서에 많은 시간을 사용하였다. 유학자들의 목표는 결국 성인이 되는 것인데 그 방법은 옛날의 경전에 들어있고, 그것을 배워서 실천하는 것이 선비의 길이라고 생각한 것이다. 유학의 경전에는 사서삼경과 같은 것이 있고, 오경이라고 해서 《시경》, 《서경》, 《주역》, 《예기》, 《춘추》와 같은 책들도 있다. 공부를 시작할 때는 《소학》이나 《명심보감》도 필수로 읽었다. 또한 역사서라든가 문학가들의 서적도 폭넓게 읽어서 어릴 때부터 한시를 지을 정도의 실력을 갖추었다.

선비들이 글을 읽는 방법에서 특징적인 것은 한 권의 책을 반복해서 본다는 점이다. 기본적으로 책 전체를 암기할 수 있을 정도로 읽어야 한다. 책 전체를 암기하려면 계속해서 많이 읽는 수밖에 없다. 그래서 이식(李植)이라는 유학자는 후손들에게 준 글에서 100번을 기본으로 읽으라고 가르쳤다.[130] 100번을 읽어서 책 전체를 암기하기는 어려운 일이다. 암기할 수 있을 때까지 읽는 것이 선비들의 글 읽기라고 할

130) https://historylibrary.net/entry/택당澤堂-이식李植1584~1647이-후손에게-당부한-독서법 (검색일 2025년 2월 19일)

수 있다.

그리고 옛날에는 모두 책을 소리 내어 읽었다. 서당에서 글을 배울 때부터 훈장이 큰 소리로 읽으면 제자들이 따라 읽으면서 공부하는 것이 기본이었다. 소리 내어 읽으면 기억에 더 오래 남는 효과가 있고, 건강에도 좋다. 우리가 노래 가사를 더 빨리 그리고 더 오래 기억하는 원리와 같다. 오늘날에는 교육여건의 변화로 학생들에게 소리 내어 읽는 방법을 사용하고 있지 않지만, 집에서라도 소리 내어 독서한다면 좋을 것 같다.

이러한 선비들의 책 읽기는 노인들에게도 여러 가지 도움을 준다. 노인들의 경우 여러 가지 책을 빨리 읽기보다는 선비들이 책을 읽듯 한 권의 책을 여러 번 읽는 방법이 더욱 효과가 있다. 그리고 독서할 때 소리를 내어 읽는 방법은 건강에도 도움이 된다. 물론 이것은 의학적으로 실험하여 결과를 도출한 것은 아니지만, 눈으로만 읽는 독서법보다는 소리를 내어 읽으면 집중도 잘되고 몸에도 좋은 영향을 줄 수 있다. 실제로 옛날 어른들은 책을 읽을 때 소리를 내면서 읽었다. 말하자면 선비들의 책 읽기를 실천한 것이다.

독서에는 여러 가지 효과가 있다. 이것은 노인들에게도 당연히 그대로 적용되는 효과이다. 전문가들은 독서 효과로 스트레스 해소, 우울증 개선, 공감 능력 향상, 어휘력 향상, 뇌

활성화를 통한 알츠하이머 예방, 폭넓은 지식 습득 등을 꼽았다. 노인들은 이런 책 읽기의 효과를 염두에 두고 의도적으로 책을 읽는 습관을 갖고자 노력해야 한다. 지혜를 주는 책도 있고, 재미를 주는 책도 있으므로 각자 취미와 수준에 맞는 책을 선택하여 꾸준하게 읽는다면 노후를 더 건강하게 보낼 수 있을 것이다.

3. 선비와 서예

선비들의 일 가운데 중요한 것은 글쓰기이다. 책을 읽고 그것을 베껴 쓴다거나 자기 생각을 기록하는 것이 바로 선비의 일이다. 글쓰기에 필요한 도구를 문방사우(文房四友)라고 하였다. 종이, 붓, 먹, 벼루가 바로 글을 쓰는 데 필요한 도구들이다. 선비들은 이미 어릴 때부터 붓을 잡고 글씨를 쓰는 훈련을 받아서 요즘 청소년들이 게임을 하듯 붓을 다룰 줄 알았다. 선비들은 평생 글을 쓰면서 살았으니, 문방사우라는 말이 그냥 나온 것이 아니다.

붓으로 글을 쓰는 일은 처음에는 단순한 기록이었지만 점차 이것은 예술적인 의미도 지니게 되었다. 붓으로 쓴 글자에는 아름다움이 있어서 사실 기록의 차원을 넘어서기 때문이다. 붓으로 쓴 글자에는 그것을 쓴 사람의 인품도 들어있고, 기예도 들어있다. 그래서 붓으로 글을 쓰는 것을 중국에서는 서법(書法)이라고 하였다. 우리나라에서는 서예(書藝)라고 부르는데 이 단어도 글쓰기를 예술 가운데 하나라는 사실을 강조한 것이다.

당나라에서는 관리를 등용할 때 네 가지 기준을 가지고 인재를 선발하였다. 신(身), 언(言), 서(書), 판(判)이 바로 그 기준이다. 신(身)이란 사람의 풍채와 용모를 뜻하는 말이다. 될 수 있으면 풍채와 용모가 좋은 사람을 선발한다는 것이다. 언(言)이란 사람의 언변을 이르는 말이다. 말을 들어보면 그 사람을 어느 정도 판단할 수가 있기 때문이다. 서(書)는 글씨를 말한다. 글씨를 잘 쓰는 것이 그만큼 관직 생활에서 중요하다는 의미이다. 관리들은 글을 쓸 기회가 많은데 글씨를 아름답게 쓴다면 큰 장점이 될 수 있다. 글에는 그 사람의 인품도 나타나는 게 사실이다. 판(判)이란 사람의 판단력인데, 이것은 결국 사물의 이치를 잘 아는 데서 나오는 능력이다.

옛날에는 어릴 때부터 서예를 배우는 사람들이 많았으나 점차 서예를 배우는 어린이들이 줄어서 지금은 거의 없는 것 같다. 그 대신 지금은 오히려 노인들이 서예를 공부하고 있어서 우리의 좋은 전통을 이어가고 있다. 현재 서예를 공부하는 사람은 거의 500만 명에 이르고, 서예 단체에 등록된 작가들도 약 5,000명에 달한다고 한다. 앞으로 서예 인구가 늘어난다면 그것은 노인들이 늘어난 덕이라고 할 수 있을 것이다. 서예는 노인들에게 정신적으로나 육체적으로 좋은 효과가 있으니, 적극적으로 홍보할 필요가 있다.

전문가들은 서예가 심신 수양의 효능뿐만 아니라 자폐 및 인지장애, 고혈압, 당뇨, 치매 등 현대 질병을 치료하고 예방할 수 있다고 주장한다. 이것은 실제로 여러 가지 조사를 통하여 나온 결과이기 때문에 믿을 수 있는 주장이다. 서예를 하게 되면 집중력이 향상되고, 스트레스가 해소되며, 마음이 안정되는 효과가 있다. 이러한 마음의 안정은 고혈압과 같은 성인병에 좋은 효과가 있다.

그리고 서예는 계속 몸을 움직이고 손을 움직이는 활동이어서 운동 효과도 얻을 수 있다. 나이가 들수록 몸을 움직이고, 손을 움직이는 활동은 아주 중요하다. 몸을 쓰지 않으면 근육이 퇴화하고 신경도 따라서 퇴화한다. 그렇게 되면 몸에 병이 오고 정신에도 이상이 생기게 된다.

4. 선비와 시조창

음악은 유교에서 예와 함께 핵심적인 역할을 하는데, 유학자들은 특별히 어릴 때부터 음악 공부를 많이 하였다. 유학자들이 반드시 읽어야 하는 오경 가운데 하나인《예기(禮記)》에는 악기(樂記)라는 이름의 글이 따로 있어서 음악의 역할과 중요성에 대해 자세하게 설명한다. 그리고 선비들은 어려서부터《시경(詩經)》을 통해서도 음악 공부를 했다.《시경》에는 공자가 특별히 선택했다는 중국 고대 가사가 305수 들어있다. 여기 나오는 가사에는 곡조가 따로 없지만, 가사를 읽는 것 자체가 노래가 된다고 할 수 있다. 말하자면《시경》은 음악 교재의 역할을 한 것이다.

공자도 노래 부르는 걸 좋아하였다.

《논어》〈술이편〉에는 "선생님께서는 다른 사람과 함께 노래를 부를 적에 잘 부르면 반드시 다시 부르게 하신 후 따라 부르셨다."[131]라는 구절이 있다. 또〈양화편〉에는 "유비(孺悲)가 공자를 뵈려 하였으나, 공자께서는 병을 핑계로 거절하였다. 말을 전해 온 사람이 나가자마자, 거문고를 타면서 노래하여 그에게 듣도록 하였다."[132]라는 내용도 있다.

당시에도 여러 사람이 모여 노래를 부르는 일이 많았던 모양이다. 순서대로 노래를 부르거나 자발적으로 노래를 불렀

131)《논어》,〈술이편〉31장, "子與人歌而善, 必使反之, 而後和之."

132)《논어》,〈양화편〉20장, "孺悲欲見孔子, 孔子辭以疾. 將命者出戶, 取瑟而歌. 使之聞之."

을 것이다. 여러 사람이 순서대로 노래를 불러보면 그 가운데 반드시 잘 부르는 사람이 있다. 공자는 그에게 다시 한번 더 불러보라고 하고 같이 따라 불렀다. 여기서 공자의 사람을 대하는 태도를 알 수 있다. 잘하는 사람을 인정해 주고 같이 노래를 불러서 응원도 해주고 배우기도 한 것이다.

또한 공자는 노래로 상대방에게 자신의 마음을 전달하기도 하였다. 공자의 제자 유비가 무슨 이유가 있어서 공자를 만나려고 하였을 때 공자는 직접 거절하지 않고, 거문고를 타고 노래를 불러 자기 의사를 전달하였다. 아마 유비는 누구의 부탁을 받고 왔을 것이다. 공자는 그 사람의 제안을 받아들이고 싶지 않았다. 하지만 심부름하는 유비에게도 피해를 주지 않는 방법을 선택하였다.

공자는 유비에게 '나는 너에게 부탁한 그 사람의 제안을 받아들이기 싫을 뿐이다. 내가 정말 아픈 것은 아니니 걱정하지 말아라. 너는 그냥 아파서 만날 수 없었다고 보고만 해라'라고 뜻을 전달한 것이다. 이러한 공자의 전통은 계속해서 이어졌다. 선비들은 노래를 통해 사람들과 친목을 다지기도 하고 다른 사람에게 자기 뜻을 전달하기도 했다.

유학자들은 어려서부터 《시경》의 시를 읽기만 한 것이 아니라 스스로 시를 짓고 그것을 노래로 불렀다. 말하자면 늘 노래를 부르면서 살았다고 해도 과언이 아니다. 좋은 경치를 보아도 시를 짓고, 기분이 좋아도 시를 지었다. 그때그때 생각나는 게 있으면 그것을 시로 남기려고 노력하였다. 그래서 이름 있는 유학자들의 시가 지금까지도 많이 남아 있는 것이다. 한 예로 통일신라의 유학자 최치원의 시가 지금까지 남아 있는 것을 보면 알 수 있다.

조선시대에 이르러 유학자들은 우리말로 된 시조(時調)를 짓고 그것을 노래로 불렀다. 우리가 잘 알고 있는 이방원과 정몽주가 서로 주고받았다는 시조를 보면 이미 고려시대에도 시조가 있었을 것이다. 조선시대 선비들은 한시뿐만 아니라 우리말로 된 시조를 많이 짓고 노래로 불렀다. 특히 유명한 시조는 이황의 〈도산십이곡(陶山十二曲)〉과 이이의 〈고산구곡가(高山九曲歌)〉 등이다. 〈도산십이곡〉은 모두 12곡으로 이루어져 있는데, 앞의 6곡은 이황이 자연에 은거한 상황에서 각종 심정의 감흥을 읊은 것이고, 뒤의 6곡은 학문과 수양을 통한 성정(性情)의 순수함을 읊은 것이다.

〈고산구곡가〉는 연시조로 이이(李珥)가 벼슬에서 물러나 황해도 해주(海州) 고산 석담(石潭)에 정사(精舍)를 짓고 후진 양성에 전념하고 있을 때 지은 작품이다. 이 연시조는 송나라 주자(朱子)의 〈무이구곡가(武夷九曲歌)〉를 모델로 했다고 한다. 〈고산구곡가〉는 자연 풍경에 대한 묘사를 중시하여 관암(冠巖), 화암(花巖), 취병(翠屛), 송애(松崖), 은병(隱屛) 등 고산의 아홉 풍경을 한 수씩 노래하였다. 이러한 작품들은 많은 사람이 요즘의 유행가처럼 따라 불렀다고 한다. 지금도 시조창을 하는 사람들이 즐겨 부르는 작품이기도 하다.

현대에도 시조창의 전통을 이어가는 사람들이 있다. 옛날에 비해 그 수가 많이 줄어들었으나 노인들을 중심으로 새롭게 관심을 보이고 직접 배우는 사람들이 늘어나고 있다고 한다. 지금도 시조창의 인구는 200만 명이 있다고 하니 적지 않은 수이다. 특히 노인들이 시조창을 배우면 건강 유지에 효과가 있다고 하니 건강을 생각하는 사람이라면 누구나 도전해 볼만한 분야라는 생각이 든다.

시조창을 하는 사람들은 다음과 같은 장점들을 이야기 한다.

심장 폐 기능이 강화됨으로써 면역력이 강해진다. 스트레스가 해소됨으로써 암 예방 및 노화 방지에 좋다. 치매 예방에 대단한 효과가 있다. 머리가 맑아지고 혈압조절이 가능하다.

시조창도 실제로는 노래의 한 형태이기 때문에 노래를 부르는 효과를 모두 얻을 수 있다. 거기다가 시조창은 사람의 마음을 안정시키는 효과가 있어서 특히 노인들에게 좋을 것 같다. 느림의 미학이 시조창에 들어있다고 할 수 있을 것이다.

5. 선비와 악기 연주

공자는 음악에 조예가 깊었고, 악기도 잘 다루었다. 그는 29세 때 사양자(師襄子)를 찾아가서 거문고를 배웠다. 사양자는 당시 노나라의 궁중 악사였다. 사양자가 공자에게 한 곡을 가르쳐 주자 공자는 온종일 한 곡만 연주했다고 한다. 그래서 사양자가 이제 되었으니, 새로운 곡을 배우라고 권유했을 정도였다. 공자가 얼마나 진지하게 거문고 연주를 연습했는지 짐작할 수 있는 내용이다. 공자의 제자들 또한 거문고 연주를 열심히 했다.

《논어》에는 제자 자로(子路)가 공자의 집에서 거문고를 연주하고 공자가 그의 연주 실력을 평하는 장면이 나온다. 공자가 "자로가 어찌 우리 집에서 거문고를 연주하느냐?"[133] 라고 하자, 제자들이 자로를 공경하지 않았다고 한다. 공자는 자로의 연주 실력을 높게 평가하지 않은 것이다. 자로는

133) 《논어》, 〈선진편〉 15장, "由之瑟奚爲於丘之門?"

무인의 기질을 지닌 인물이어서 그 연주에 무인의 기질이 그대로 반영되었기 때문에 그런 평가를 한 듯하다. 나중에 공자는 제자들의 태도를 보고 다시 설명해 주었다. 자로의 실력은 대청까지는 올라왔으나 방까지는 들어오지 못했다고 조금 후한 평가를 한 것이다. 이는 자로가 무인의 기질을 가졌기 때문에 좀 더 문인의 곡답게 연주하라는 의미로 이해할 수 있다.

우리나라 선비들도 거문고를 좋아하였다. 연산군 때의 유학자 김일손(金馹孫)은 평소에 자주 거문고를 연주했는데 그의 거문고는 탁영금(濯纓琴)이라고 하여 지금까지 보물로 보존되고 있다. 김일손은 이 거문고를 걸어두는 시렁에 금가명(琴架銘)이라는 다음과 같은 글을 새기기도 하였다. "거문고는 내 마음을 단속하는 것이다. 시렁을 만들어 높이 걸어두는 것은 소리가 좋기 때문만은 아니다."[134] 이것은 선비들의 거문고 연주는 자신의 마음을 단속하는 공부라는 김일손의 생각이다.

물론 모든 선비가 다 거문고를 가까이한 것은 아니겠지만 많은 선비가 김일손처럼 악기를 좋아했다는 것은 역사적인 자료를 통해 알 수 있다. 음악은 마음을 다스리는 좋은 공부

134) 《탁영집》 권4, 〈금가명(琴架銘)〉, "琴者 禁吾心也 架以尊 非爲音也."

인데 특히 악기를 다룰 수 있다면 금상첨화라고 할 수 있다. 유학에서는 이미 고대부터 음악을 중요한 정치의 수단이자 수양의 도구라고 생각해서 학생들에게 악기를 가르쳤다. 이 전통은 조선시대까지 계속 이어져 내려왔다.

신교육이 이 땅에 자리 잡은 후에도 학생들에게 악기를 가르치는 전통은 그대로 이어졌다. 대표적인 악기가 거문고에서 피아노로 바뀌었을 뿐이다. 그만큼 교양교육으로 악기를 다루는 기술을 가르치는 것이 중요하다는 증거이다. 동서양을 막론하고 사람들은 음악이 주는 이점이 많다는 사실을 잘 알고 있었다. 그런데 최근에 와서 이러한 악기를 다루는 교육이 줄어들고 있는 듯해 안타깝다.

전문가들에 의하면 어린이 악기 연주는 아이들이 감정을 표현하고 이해하는 데 도움을 주고, 기억력, 주의 집중력 및 문제해결 능력과 같은 인지능력을 강화하며, 논리적 사고와 패턴 인식 능력을 발달시키는 데 도움을 준다고 한다. 또한 악기 연주는 언어능력과 수학 능력 향상에도 도움이 된다. 이런 장점을 생각한다면 어린이 악기 교육의 중요성은 계속해서 강조되어야 할 것이다.

이러한 장점은 노인들이 악기를 배워도 여전히 효과를 발휘할 수 있다. 노인 인구가 증가하는 현재, 실제로 많은 사람이 악기를 배우고 있다. 전문가들은 악기 연주는 노인들의 인지 기능 향상에도 많은 도움이 된다고 주장한다. 영국 리버풀 대학의 연구 결과에 따르면, 단기간 악기를 배우는 것조차도 혈류를 증가시킨다고 발표했다.[135] 이 연구는 악기 연주가 어린이와 노인의 두뇌 능력과 인지기능을 향상한다는 가설을 증명했다.

6. 선비와 꽃놀이

공자가 제자들에게 각자 포부를 말해 보라고 하자, 다른 제자들은 정치에 대한 자신의 꿈을 말하였으나 증석(曾皙)은 이렇게 말했다. "저는 늦은 봄에 봄옷을 지어 입고, 어른 대여섯 명과 아이들 육칠 명과 어울려서 기수(沂水)에서 목욕하고, 무우(舞雩)에서 바람 쐬고, 노래하면서 돌아오는 것입니다."[136] 공자는 증석의 이 말을 듣고 감탄하면서 인정하였다. 기수는 산동성에 있는 강 이름이고, 무우는 강가에 있는 언덕으로, 거기서 기우제를 지냈다.

---

135) https://post.naver.com/viewer/postView.nhn?volumeNo=31038646 (검색일: 2025년 2월 19일)

136) 《논어》, 〈선진편〉 25장, "莫春者, 春服旣成. 冠者五六人, 童子六七人, 浴乎沂, 風乎舞雩, 詠而歸."

사람들을 가르치고 나라를 다스리는 일도 중요하지만, 증석은 야외로 나가 자연을 감상하고 즐기는 일도 선비들의 중요한 일이라고 생각했다. 벼슬을 받아서 공무를 수행할 때도 있지만 그렇지 못할 때는 시골에서 농사를 지으면서 자연을 벗 삼아 사는 것이 선비의 길이기도 하다. 이러한 전통은 후세에도 계속 이어졌다. 그래서 자연에 대한 관심과 그것을 감상하고 즐기는 것이 선비들의 취미이자 특권이 되었다.

유학의 전통은 아니지만, 우리나라에서는 고대 시대부터 사람들이 아름다운 곳을 찾아다니면서 음주가무를 즐겼다. 신라 화랑도의 풍류정신(風流精神)이 그것을 잘 보여준다. 화랑도뿐만 아니라 일반인들도 일찍부터 풍류를 즐겼던 것 같다. 봄이 되면 다들 꽃구경 가는 것이 하나의 전통이었다. 물론 여유 있는 귀족들이나 양반들이 더 풍족하게 꽃놀이를 즐겼을 것이다.

여러 문헌에는 우리 선조들이 예로부터 음력 삼월 무렵이 되면 남녀노소 할 것 없이 무리를 지어 경치 좋은 산이나 냇가로 나가 꽃놀이하였다는 기록이 있다. 사람들이 모여 꽃놀이한 구체적인 기록으로는 고려시대의 장미연(薔薇宴)이 있다. 장미연이란 홍문관과 한림원에 근무하는 관리들이 관청의 뜰에 장미가 피었을 때 술자리를 갖고 장미도 감상하고 술도 마셨던 풍속이다. 꽃놀이에 대한 더 자세한 내용은 조선시대의 기록에 많이 나타난다.

홍석모가 지은 《동국세시기》의 〈3월〉에는 꽃놀이에 대한 기록이 있다. 여기에 나오는 화류(花柳)는 산언덕 물굽이를 찾아다니며 봄을 즐기는 놀이로, 삼짇날 풀밭에 나가 처음 돋은 풀을 밟는 놀이와 같다. 삼짇날이 되면 여자들은 야외로 나가 진달래꽃을 반죽한 찹쌀가루에 붙여 둥근 떡을 만든 다음 참기름에 지진 떡을 먹으며 하루를 즐겼다. 화전놀이는 교외에 나가 음식을 먹고 꽃을 보는 놀이를 의미하게 되었다.

이러한 봄의 꽃놀이는 전국적으로 있었고, 특히 한양의 꽃놀이가 가장 규모가 컸다. 조선시대 한양의 대표적인 꽃놀이 명소는 어디였을까? 여기에 대해서는 유득공(柳得恭)의 《경도잡지(京都雜誌)》 〈유상(遊賞)〉 조에서 확인할 수 있다. 필운대(弼雲臺)의 살구꽃, 북둔(北屯)의 복숭아꽃, 흥인문 밖의 버들, 천연정(天然亭)의 연꽃, 삼청동 탕춘대(蕩春臺)의 수석(水石)이 당시에 많은 사람이 즐기던 명소였다.

필운대는 서울 종로구 필운동 서쪽 끝인 인왕산 산기슭 배화여고 뒤꼍에 있고, 북둔은 북사동(北寺洞)으로 불리던 지금의 성북동 일대를 말한다. 동대문 밖의 버들은 동지(東池)라고 하는 연못가에 있던 버들을 말하는데, 지금은 그 연못이 사라지고 말았다. 천연정은 돈의문(敦義門) 밖에 있던 서지(西

池)라는 연못가에 있던 정자로 지금은 연못과 정자 모두 사라지고 없다. 탕춘대(蕩春臺)는 세검정 동쪽 산마루에 있었던 정자인데 이곳 역시 지금은 사라지고 표지석만 남아 있다. '봄(春)을 질탕하게 즐긴다(蕩)'는 탕춘대는 연산군이 신라 고찰 장의사(藏義寺)를 부수고 지은 곳이다.

옛날부터 사람들이 꽃놀이를 즐겼던 이유는 꽃이 심리적으로나 육체적으로 좋은 영향을 주기 때문이다. 오늘날 과학자들은 꽃놀이의 효과를 과학적으로 증명하고자 노력하고 있다. 그들은 여러 가지 실험을 통해 봄꽃이 사람에게 안정감을 주거나 우울감을 감소하고, 활력을 주는 효과가 있다고 주장한다. 그리고 꽃의 향기는 스트레스를 완화하는 효과가 있다고 말한다. 숲속을 걷거나 꽃 속을 걸으면 기분이 좋아지고 힘이 나는 이유가 다 있었다. 꽃놀이가 아니더라도 집에서 작은 화분에 꽃을 키우기만 해도 기분이 좋아지고 스트레스를 줄일 수 있는 효과가 있으니, 지금이라도 바로 꽃을 키워 보는 게 어떨까?

7. 선비와 명상

송대의 신유학에는 유학을 새롭게 체계화하는 과정에 많

은 불교적 요소가 유입되었는데, 그 가운데 하나가 바로 정좌라는 수행법이다. 불교의 영향을 받은 초기 신유학자들은 대부분 선종의 좌선에 익숙해 있었다. 주염계(周濂溪)가 그러하였고, 소강절(邵康節)도 좌선을 생활화하고 있었던 것 같다. 정호(鄭顥)와 정이(程頤) 형제도 항상 정좌를 강조하였다고 한다.[137] 특히 정이는 불교의 좌선을 유교식으로 발전시키는 데 큰 공헌을 하였다.

불교의 좌선은 불교의 중요한 공부 방법이다. 특히 선종에서는 거의 좌선이 전부라고 말할 정도로 중요한 위치에 있다. 선종에서는 깨달음에 도달하는 방법으로 경전을 읽기보다 직접 좌선을 하라고 가르치고 있다. 또한 선종에서는 다양한 좌선법을 발전시켰지만 크게 화두 없이 하는 묵조선(默照禪)과, 화두를 가지고 좌선하는 간화선(看話禪)으로 나눌 수 있다. 이러한 좌선법들은 유학자들에게 직접적으로 영향을 끼쳤고 정좌법을 발전시키는 데도 결정적인 역할을 하였다.[138]

선종의 영향을 많이 받았지만, 불교에 대해서는 비판적인 입장을 견지하고 있던 유학자들이었기 때문에 불교의 좌선

137) 《心經附註》 卷3 참조.

138) 金帝蘭, "성리학 형성 과정에 나타난 禪 불교의 영향", 《한국불교학》 37권, 한국불교학회, 2004, 133~162 참조.

법을 그대로 도입할 수는 없었다. 유학자들은 불교의 좌선법을 비판하면서 유교의 명상법을 정좌라 부르고 방법과 목적도 바꾸었다. 말하자면 불교의 좌선에 유교의 예법을 접목해서 독창적인 명상법을 개발한 것이다. 이때 정이가 주장한 유교적 개념이 바로 경(敬)이다.

정이는 경을 주일무적(主一無適)과 정제엄숙(整齊嚴肅)이라는 말로 정의하였다. 주일무적은 내적인 정신 집중을 의미하고, 정제엄숙은 외적으로 단정하고 엄숙한 태도와 자세를 의미한다. 그런데 그의 후계자들은 주일무적이라는 내면적인 공부를 강조하는 방향으로 나아갔다. 예컨대 이통(李侗)은 희로애락미발(喜怒哀樂之未發)의 기상을 체인하라고 가르쳤으며, 호굉(胡宏)은 이발찰식(已發察識)이라는 방법을 강조하였다. 이통의 방법은 결국 우리 마음이 발동하기 이전의 상태는 선하고 순수하니 그것을 잘 보존하라는 의미이다. 호굉은 마음이 발동하기 시작할 때를 잘 관찰하여 선한 방향으로 마음이 작용하도록 노력하라고 가르쳤다.

이러한 방법에 만족하지 않고 주희는 정좌에서 외면적인 요소를 보다 강조하는 방법을 제시하였다. 이 방법은 보이지 않는 마음을 통제하기 위해 의식의 흐름을 관찰하기보다 자세나 태도를 반듯하게 함으로써 내면도 반듯하게 만들고자 하는 수행법이다. 결국 주희는 정이의 정제엄숙을 더 강조하였다고 할 수 있다.

외면을 다스려 내면을 바로잡고자 한 주희는 나중에 경을 외(畏)와 같다고 정의하였다. 두려워하는 마음과 경의 상태가 비슷하다고 생각한 것이다. 그래서 상제(上帝)를 대하는 마음으로 임하는 것이 바로 경이라고 주장하였다. 주희도 정좌를 생활화하고 있었지만, 그의 방법은 선배들의 방법과 달랐다.

주자의 정좌법을 잘 이어간 사람은 조선의 이황이다. 그의 제자 김성일이 이통의 정좌법에 대해 질문하자 이황은 "정좌한 뒤라야 몸과 마음이 거두어져, 도리(道理)도 비로소 한 곳에 모이게 될 것이다. 만일 몸뚱이가 흐트러지거나 잘 통제되어 있지 않으면, 마음은 혼란할 것이며 도리는 흩어져 갈 바를 못 잡는다. 그러므로 주자는 이통을 마주 대해서 온종일 정좌하고 물러 나와 혼자 있을 때도 또한 정좌하였다"[139]라고 대답하였다.

이황 또한 경을 강조하였는데, 그것은 바로 정이와 주희의 정좌 방법을 말하는 것이다. 이황의 정좌법에 의하면 너무 한 생각에 집착해도 안 되고 그렇다고 완전히 아무런 생각을 하지 않아도 안 된다. 그래서 늘 마음을 각성한 상태로 있으

139) 《退溪全書》, 〈言行錄〉 卷1, 論持敬: "靜坐然後身心收斂, 道理方有湊泊處. 若形骸放怠無檢, 則身心昏亂, 道理無復有湊泊處. 故考亭對延平靜坐終日, 及退私亦然."

면서도 어떤 한 생각에 너무 집착하지 않는 것이 바로 정좌에서 추구하는 마음의 상태라고 가르쳤다. 이황은 정좌할 때 우리의 마음 상태는 주인이 집을 지키는 것과 같다고 설명하고 있다. 주인이 정신 차리고 집을 지키지 않으면 도둑이 들어와 물건을 훔쳐 가거나 집 안의 물건을 파괴할 수 있다는 것이다.

선비들은 경전을 읽고 그것을 쓰고 또 암기하지만, 그것으로 그들의 공부는 끝나지 않는다. 시간이 나면 명상함으로써 마음을 깨끗하게 유지하려고 노력하였다. 결국 선비의 공부는 경전 읽기와 명상 두 가지로 요약할 수 있다. 유학에 따르면 사람은 누구나 태어날 때 이미 선한 본성을 타고 난다. 그러나 생활하면서 그 선한 본성은 더럽혀지게 마련이다. 그렇게 더럽혀진 마음을 다시 깨끗하게 만드는 데는 명상이 효과가 있다.

이러한 명상법은 오늘날 새롭게 주목을 받고 있다. 마음을 선하게 만드는 데도 효과가 있지만, 명상은 마음을 안정시키고 스트레스를 없애는 데 탁월한 효과가 있다는 것이 입증되었다. 이 밖에도 명상은 머리가 맑아지고, 불면증이 개선되며, 혈압이 내려가고, 면역력이 강화되는 효과가 있다고 한다. 요즘 널리 알려진 명상에는 만트라를 반복적으로 암송하는 초월 명상법, 존 카밧진 교수가 개발한 마음 챙김 명상법,

호흡에 집중하는 호흡 명상법 등이 있다. 이 가운데 어느 것을 선택하든 꾸준하게 명상을 하면 효과를 볼 수 있다.

8. 활인심방(活人心方)

퇴계 이황은 유학자이지만 도가의 양생법에도 관심이 많았다. 그는 중국의 주권(朱權)이 지은 《활인심》을 바탕으로 자기 생각을 첨가하여 《활인심방》이라는 책을 편찬하였다. '활인심방'은 사람을 살리는 마음의 방책이라고 할 수 있다. 우리의 건강은 육체와 마음 모두 중요하지만, 특히 마음을 잘 다스리는 것이 무엇보다 중요하다는 사실을 잘 보여준다.

《활인심방》은 서문, 중화탕(中和湯), 화기환(和氣丸), 양생지법(養生之法), 치심(治心), 도인법(導引法), 거병연수육자결(去病延壽六字訣), 양오장법(養五臟法), 보양 정신(保養精神), 보양 음식(保養飮食) 등으로 이루어져 있다. 특히 도인법을 설명하는 부분에서는 퇴계가 직접 알기 쉽도록 그림을 그려 첨부하였다.

이 책의 서문에는 마음의 중요성을 이렇게 설명하고 있다. "그러므로 성인은 아직 병이 나기 전에 다스리고, 의사는 병이 든 후에 치료한다. 아직 병이 들기 전에 다스리는 것을 마음 다스리기라고 하거나 수양이라고 말한다. 병이 이미 든 뒤에 치료하는 것을 약물 복용이라 하거나 침과 뜸이라 말한다. 비록 다스리는 법에는 두 가지가 있지만, 병의 근원은 하나니, 마음으로 말미암지 않고 생겨나는 병은 있을 수 없다."[140]

중화탕은 30가지 무형의 약재를 달여 먹는 것이고, 화기환은 '참을 인(忍)' 자로 만든 환약을 뜻한다. 양생지법은 건강하게 오래 사는 법을 말하고, 치심은 마음을 다스리는 법, 도인법은 건강 체조를 뜻한다. 또 거병연수육자결은 병을 없애고 장수하는 여섯 자의 비결을 말하고, 양오장법은 오장을 튼튼하게 하는 법을 뜻하며, 보양 정신은 정신을 보호하고 키우는 법, 보양 음식은 몸을 보하는 건강 음식을 뜻한다.

중화탕의 30가지 마음의 자세는 다음과 같다.[141]

① 생각에 삿됨이 없다. ② 좋은 일을 행한다. ③ 마음을 속이지 않는다. ④ 적절한 방법으로 처리한다. ⑤ 본분을 지킨다. ⑥ 질투하지 않는다. ⑦ 교활한 속임수를 없앤다. ⑧ 성실해지고자 힘쓴다. ⑨ 자연의 원리를 따른다. ⑩ 운명의 한계를 이해한다. ⑪ 마음을 맑게 한다. ⑫ 욕심을 적게 한다. ⑬ 참

140) 이황 편저, 이윤희 역해, 《활인심방》, 예문서원, 2008, 23~24.
141) 같은 책, 79~86, 참조.

고 견딘다. ⑭ 부드럽고 순하게 한다. ⑮ 겸손하고 온화하게 한다. ⑯ 만족할 줄 안다. ⑰ 깨끗한 마음으로 삼간다. ⑱ 어진 덕을 잃지 않는다. ⑲ 절약하고 검소히 한다. ⑳ 중용을 지킨다. ㉑ 살생을 가려서 한다. ㉒ 성내지 않는다. ㉓ 사나운 언행을 하지 않는다. ㉔ 탐내지 않는다. ㉕ 조심하고 두텁게 한다. ㉖ 사물의 기틀을 알아야 한다. ㉗ 보호하고 사랑한다. ㉘ 편안하게 물러난다. ㉙ 고요함을 지킨다. ㉚ 남모르는 덕을 쌓는다.

중화탕은 한약의 재료들을 잘 혼합하여 오랫동안 다린 다음 그것을 복용하듯 앞의 30가지 마음 자세를 약재라고 생각하고 달여서 마셔야 한다는 처방이다. 이것을 보면 도가의 양생법에서도 유가에서 말하는 윤리적인 덕목들을 중요하게 생각했다는 점을 알 수 있다. 이러한 내용이 이황의 마음과 잘 맞았던 것 같다. '활인심방'이라는 말이 그렇듯 우리의 건강에 마음이 가장 중요하다는 사실을 옛날 사람들은 이미 알고 있었다.

《활인심방》에서 가장 중요한 부분은 이황이 직접 그림을 그려서 설명한 도인법(導引法)이다. 도인법은 요즘의 체조나 스트레칭과 유사한 운동이다. 선비들은 실내에서 독서를 하거나 글을 쓰는 일을 주로 했기 때문에 자칫 운동 부족으로 병이 날 수 있다. 우리 몸은 운동하지 않으면 근육량이 줄고 건강을 해치게 될 위험이 있다. 건강하게 생활하려면 꾸준하게 몸을 움직이는 운동이 필요하다. 그래서 이황은 특별히 몸을 움직이게 하는 도인법을 자세하게 설명하였다. 이황이 소개한 도인법은 8개의 동작으로 이루어져 있다.

①

②

① 부딪치기, 귀 뒤쪽 튕겨주기: 눈을 감고 책상다리 자세로 편안히 앉아 있다가 양손으로 머리 뒷부분을 감싸듯 하고, 아래윗니를 36회 마주친다. 두 손을 머리 뒤에서 깍지를 끼고 조용히 숨소리가 나지 않게 9회 호흡한다. 손목이 턱에 닿게 한 다음 둘째손가락에 가운뎃손가락을 올려놓고 귀 뒤쪽 튀어나온 뼈 부분을 24회 튕겨준다.

② 천주혈(天柱穴) 자극하기: 머리가 끝나고 목이 시작되는 부분의 좌우에 있는 천주혈을 자극하기 위한 운동으로 손목

혈을 누른 상태에서 팔과 어깨를 흔들면서 고개는 반대 방향으로 돌린다. 좌우 24회.

③ ④

③ 혀를 저어 침 만들어 삼키고 팔 올리기: 혀를 입안에서 골고루 36회 움직여 침이 많이 나오게 한 뒤 세 번에 나누어 삼키고 숨을 멈추었다가 조금씩 들이마신 다음 두 손을 비벼서 잡고 머리 위로 들어 올린다.

④ 허리 뒤쪽 문지르고 단전에 기 보내기: 허리 뒤쪽 콩팥이 있는 부분을 36회 세게 주무른 뒤 숨을 들이마시고 멈추었다가 마음으로 화기(火氣)를 단전으로 내려보내 기를 순환시킨다. 숨을 천천히 마셔 새로운 기를 받아들여서 한참 멈춘 뒤에 기를 단전에 보낸다.

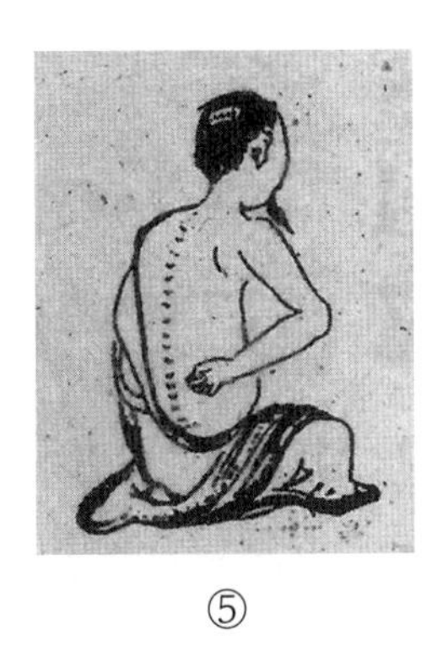

⑤

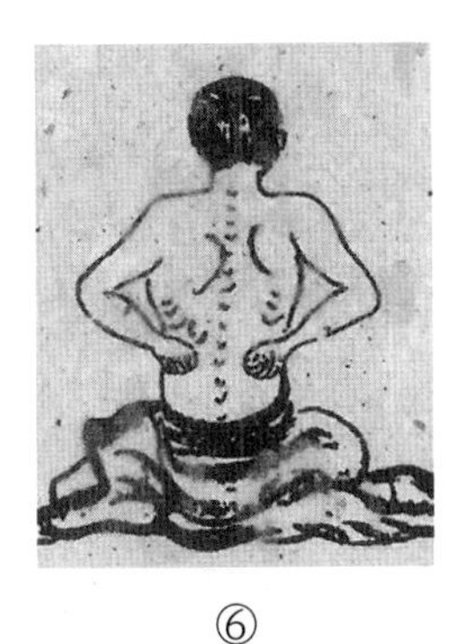

⑥

⑤ 한 손 허리에 대고 어깨 흔들어 단전 기운 올리기: 자리에 앉아 머리를 앞으로 숙여 한 손을 주먹 쥐어 허리에 대고 어깨를 올렸다 내렸다 36회 하고 팔을 바꾸어 다시 36회 하고 나서 기를 단전에 보낸다.

⑥ 두 손 허리에 대고 어깨 흔들어 단전 기운 올리기: 두 손을 모두 주먹 쥐어 허리에 대고 다시 어깨를 36회 아래위로 흔들고 단전으로부터 기가 척추를 거쳐 머리에 오르게 한 다음 두 다리를 쭉 편다.

⑦

⑧

⑦ 손깍지 끼어 올리기: 두 손을 깍지 끼어 손바닥이 하늘을 향하도록 들어 올리되 하늘을 밀어 올리는 기분으로 한다. 자세가 구부러져서는 안 되며, 3~9회 실시한다.

⑧ 발 잡아당기기: 자리에 앉아 양발을 뻗고 두 손으로 발을 잡되 발의 중간 부분을 잡고 당기기를 13번 하고, 발을 모아 단정히 앉는다. 이때 침이 가득 고이지 않으면 앞에서 한 것처럼 입속에서 혀를 사방으로 움직여 침이 고이게 한 다음 세 차례에 나눠 삼킨다. 침이 잘 생겨 넘어가 잘 돌면 온몸의 맥이 고르고 안정되어 기혈 순환이 잘 된다.

현대사회에서는 대부분 아파트 생활을 하는 경우가 많은데 아무래도 운동량이 줄게 되어 노인들의 건강에 좋지 않다고 한다. 아파트에 사는 사람들은 일반주택에 사는 사람들에 비해 집 밖으로 나가는 횟수가 적다. 집 밖으로 나가기 위해서는 계단이나 엘리베이터를 이용해야 하는데 그것이 좀 번거롭기 때문이다. 아파트에 사는 노인들은 될 수 있으면 몸을 많이 움직이고자 의도적으로 노력해야 한다. 그리고 자주 밖으로 나갈 수 있는 시간을 갖는 게 좋다. 또 집 안에서도 가만히 있지 말고 자주 맨손체조라도 하는 것이 건강에 도움이 된다. 이황의 도인법들 가운데 하나라도 꾸준히 연습한다면 좋은 효과를 볼 수 있을 것이다.

지금까지 선비들의 생활을 통해 오늘날 우리의 웰에이징에 도움이 되는 활동들을 살펴보았다. 선비들은 당시 사회에서 상류층을 이루는 소수의 사람으로 대부분 넉넉한 생활을 했다. 그들은 지배계층으로 백성들을 다스렸고, 또 그런 자리에 앉을 수 있는 자격을 갖추기 위해 노력하였다. 말하자면 관직에 필요한 능력을 갖추기 위해 교육을 받고 인격 수양도 해야만 했다.

또한 그들은 유교 경전을 읽고, 글을 쓰고, 시를 지으며, 노래를 부르거나 악기도 연주하였다. 또한 마음을 맑게 하고 선하게 하는 명상도 꾸준히 하였다. 때때로 기분 전환과 휴식을 위하여 꽃놀이도 가고 단풍놀이를 하기도 했다. 노동하지 않았던 선비들에게도 약점은 있었다. 몸을 많이 움직이지 않으면 근육이 줄어들고 당뇨병이나 심혈관 질환이 걸릴 확률이 높아진다.

먹는 것은 많은데 그만큼 움직이지 않으면 여러 가지 성인병에 걸릴 위험이 커진다는 사실을 우리는 잘 알고 있다. 옛날 사람들도 그러한 사실을 어느 정도는 알고 있었을 것이다. 그래서 고대부터 도인법이 있었고, 장수를 생각하는 사람들은 그것을 꾸준하게 실행하였다. 퇴계의 《활인심방》은 그런 의미에서 아주 중요한 책이라고 할 수 있다.

선비들의 건강에 도움을 주었던 공부나 예술 활동 그리고 취미 생활은 요즘의 노년층에게도 많은 도움을 줄 수 있다. 특히 퇴직하여 집에서 쉬고 있는 노인들에게 가장 시급한 것은 취미 활동과 건강에 도움이 되는 운동이다. 시간은 많은데 일이 없으면 지루하여서 정신 건강에 좋지 않다. 그래서 관심을 가지고 꾸준히 활동할 수 있는 취미가 있어야 한다. 거기다가 몸을 움직일 수 있는 운동도 해야 한다. 몸을 움직이지 않으면 근육이 퇴화하여 점점 건강을 해칠 수 있기 때문이다.

이제 노인들도 젊은 사람들에게 의존하면서 살고자 하는 생각을 버려야 한다. 옛날에는 대가족을 이루며 살아서 나이가 좀 많으면 활동을 줄이고, 젊은 사람들에게 모든 일을 맡기고 살 수 있었다. 그러나 지금은 각자 독립해서 살아가는 생활이 일반화되었다. 아무리 나이가 많아도 같이 살려는 자식이 없는 경우가 대부분이다. 그런 경우 죽는 날까지 스스로 움직이고 생활해야 한다. 간단한 집안일도 직접 해야 하고, 식사도 스스로 해결해야 한다.

오늘날 노인들에게는 자립의 정신이 필요하다. 자립하기 위해 스스로 건강도 챙기고 독립심도 키워야 한다. 건강이 받쳐주지 않는다면 자립하기 어려우니 무엇보다도 건강을 잘 관리하는 것이 중요하다. 예컨대 술이나 담배도 끊고, 꾸준하게 운동하고 정신 건강에 도움을 주는 취미 활동도 해야 한다. 가만히 집에만 갇혀 있으면 금방 몸에 병이 생기게 된다. 몸에 병이 생기기 전에 마음에 병부터 생길 수 있다. 시간이 있으면 마음이 안정되는 명상도 하고, 좋은 책을 읽거나 노래를 불러도 좋다.

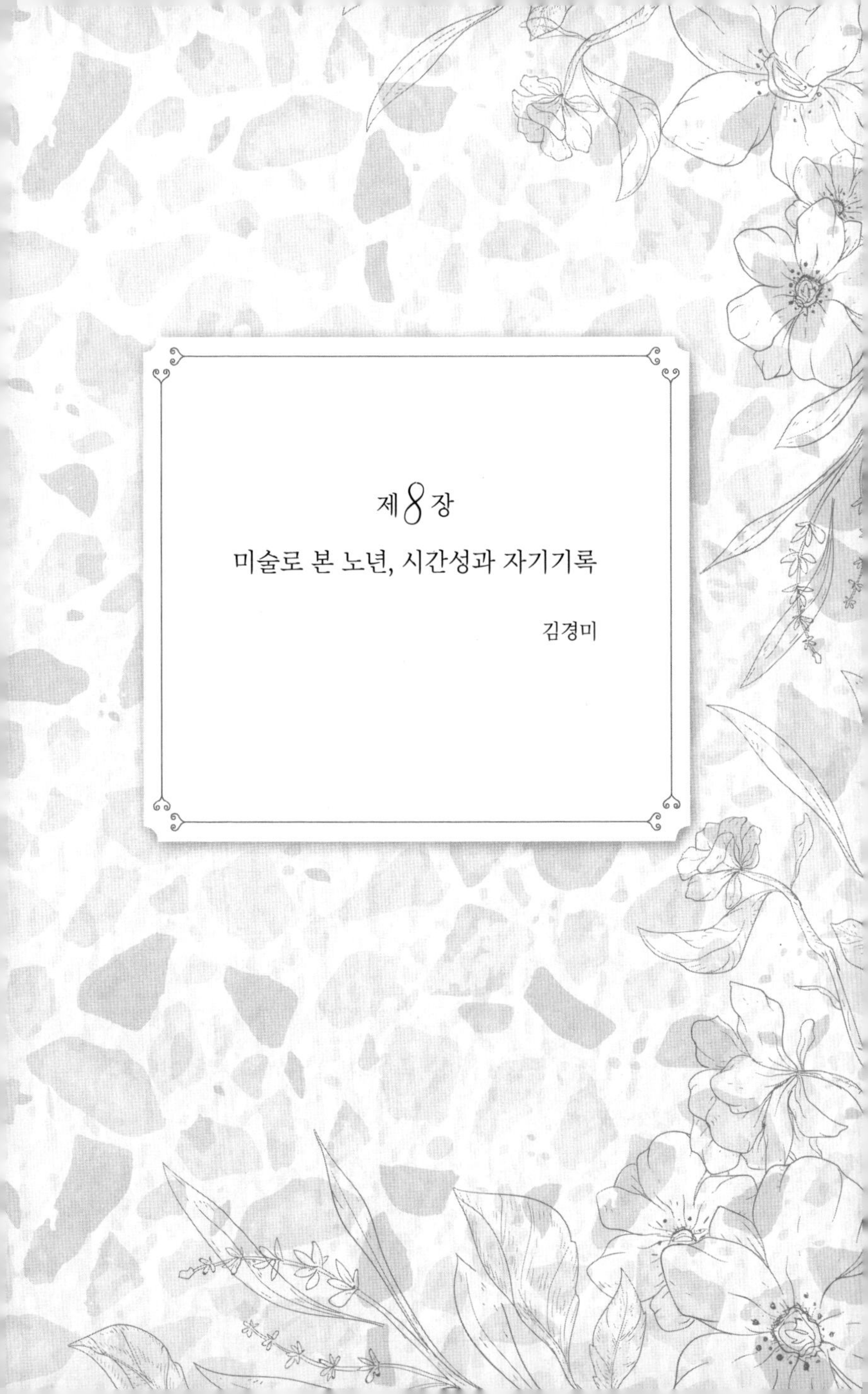

제8장

미술로 본 노년, 시간성과 자기기록

김경미

1. 그리스 신화 속 노년의 신

그리스 신화는 노년의 신 게라스(Geras)를 추적하는 무적의 영웅 헤라클레스(Heracles)의 이야기를 전한다. 헤라클레스는 게라스를 쫓아 마침내 그를 쓰러뜨렸으나 신들이 게라스를 하늘로 데리고 올라갔다고 전해진다.

그들의 이야기는 그리스 적화식 도기화로 여러 점 남아있는데 대영박물관의 도기화는 추적 장면을, 루브르 미술관의 도기화는 게라스의 최후를 그리고 있다. 거대한 몸집으로 사자 가죽을 쓰고 몽둥이를 휘두르는 헤라클레스 앞에서 자비를 구하고 있는 게라스의 모습은 가련하기 짝이 없다. 그는 대머리에 비쩍 마른 몰골로 지팡이에 간신히 지탱하고 있는 노인 그 자체이다. 헤라클레스에게 쫓기던 게라스의 운명을 이제 필멸의 존재 인간이 이어받아 인간은 계속 세월에 쫓기는 신세가 되었다.

그리스인들은 노년을 역경으로 인식하고 글쓰기와 같은

활동으로 극복하고자 했다. 그리스에서 인간에게 구현된 게라스는 시들고 쪼그라든 노쇠임과 동시에 미덕을 의미하기도 했다. 그리스인들은 나이가 들수록 명성과 탁월함, 용기를 더 많이 가진 것으로 여겼다. 세월의 깊이만큼 깊고 커진 지혜와 영향력, 권위, 권력을 의미하는 것이다. 노년이 가지는 양가의 가치라고 할 수 있다.

미술에서는 '나이 듦', 즉 '노년' 그 자체를 집중적으로 다룬 시대나 특정 미술가를 찾아보기 어렵고, '웰에이징'은 더 드물다. 그러나 '나이 듦과 웰에이징'이 포괄하고 있는 삶과 죽음을 집중적으로 다룬 시대와 작품들은 대거 존재한다. 따라서 미술로 본 노년의 문제는 로마시대 초상조각에서부터 현대미술의 바이오 아트에 이르기까지 삶과 죽음의 교훈, 인간존재의 유한성, 시간성과 자기기록 등으로 확장해 볼 수 있다.

인물을 최대한 사실적으로 재현한 로마의 초상조각 전통은 다양한 노화 현상까지도 개성적 용모로 승화시켰다. 중세와 르네상스 이후에는 중세에 발생한 흑사병으로 인한 대규모 인구 감소의 경험으로 시각예술에서는 주로 죽음에 대한 교훈에 주력했다.

바로크 시대에는 그 교훈을 현세적 쾌락의 향유와 동시에 인간존재의 유한성을 상기하는 내용이 주를 이루었는데 그

중에서도 17세기 네덜란드에서 시작된 정물화는 바로크 회화의 백미로 꼽힌다. 19세기 낭만주의 화가들은 풍경화 장르로 노년의 알레고리를 다뤘다. 현대 미술가 중 유달리 시간성과 자기기록에 집착한 미술가들의 연작은 나이 듦과 인간 존재의 유한성의 문제를 각자가 어떻게 고민하고 수용하고 있는지를 볼 수 있다.

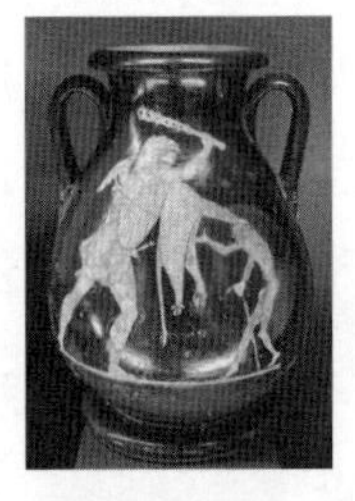

〈헤라클레스와 게라스〉, 기원전 470~480, 루브르 미술관 © Jastrow

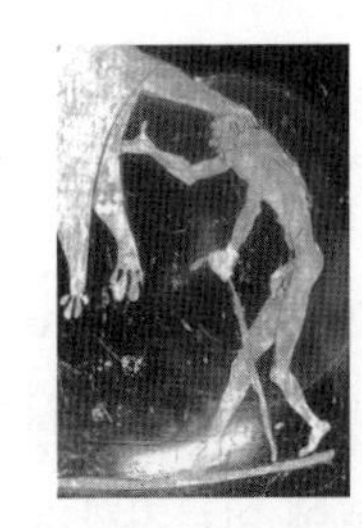

〈노년의 신 게라스〉, 〈헤라클레스와 게라스〉의 부분도 © Jastrow

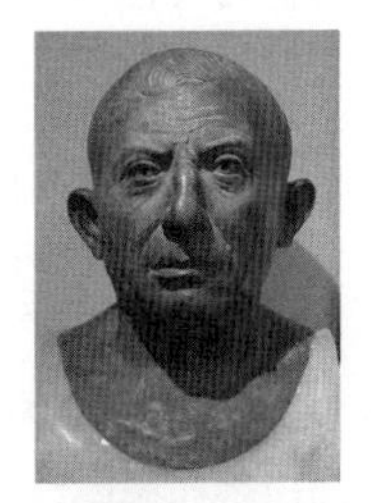

〈카이킬리우스의 초상〉, 니폴리 국립고고학 박물관 © Daderot

2. 로마의 초상조각: 사실적 개인의 기록

고대 그리스 조각은 이상미를 추구하여 조각으로 구현된 신들의 모습이 언제나 젊고 균형 잡힌 신체 비율을 자랑한다. 알렉산더 대왕(Alexander the Great, 기원전 356~323)을 조각한 것으로 추정되는 초상들이 몇 점 전해지지만, 비슷한 외모는 없어 전설적인 영웅의 실제 모습을 추측해 보기는 어렵다. 즉 그리스에서는 신들이든 알렉산더든 이상적이고도 영원한 모델의 느낌을 준다.

그에 반해 조상을 오래 기억하고 숭배하는 로마인들의 전통은 사실적인 초상조각의 발전을 이루었다.

"고대 이집트에서는 죽은 사람의 얼굴을 직접 왁스나 석고로 뜨기도 했는데 후일 여기서 발전한 것이 데스마스크로, 주로 초상조각을 제작하는 데 참고했다. 그런데 로마 공화정 시기에는 죽은 가족의 실제 모습을 왁스나 대리석으로 제작해 캐비닛 같은 개인적인 공간에 모셔두었다. 이것은 일종의 조상숭배 관습의 하나로, 가족의 정체성을 지키는 한 방법이었다. 로마인들은 신체적 특징에는 관심이 없었고, 얼굴을 중요시해 주름살, 털끝 하나라도 틀리지 않게 묘사해 세밀함에 대한 집착을 보였다."[142]

귀족들은 조상의 초상조각을 놓고 제사를 지내기도 하고, 축제 기간에는 음식과 포도주를 가지고 무덤에도 찾아갔다. 이러한 로마의 장례 및 조상숭배 관행 외에도 외모를 미화하는 것을 남자답지 못하다고 여기는 로마 귀족 남성들의 일반

---

142) [김영나의 미술로 보는 시대] 부유한 지주 가족의 초상, 참혹한 농촌 현실을 가리다, 서울경제(2020.03.20.) https://www.sedaily.com/NewsView/1Z09UTFB4W (검색일: 2024년 11월 20일)

적인 인식은 초상조각을 철저한 개인의 기록적 성격으로, 사실적으로 발전시켰다.

실제로 로마 황제들의 초상조각에서부터 이름 모를 수많은 로마의 귀족 남성들의 초상조각에 이르기까지 개성 충만하다. 대부분 중년을 훌쩍 넘긴 모습으로 깊게 패인 주름을 그대로 드러내며, 헤어스타일과 수염의 모양까지 너무 리얼하다. 발비누스 황제(Balbinus, 238년 4월~7월 재위)는 로마제국이 붕괴될 뻔한 위기의 시대였던 3세기 군인황제 시기의 황제 중 한 명이었다.

238년 1년 동안 무려 여섯 명의 황제들이 내전 끝에 교체되었다. 발비누스는 카라칼라 황제의 신임을 얻은 집정관이자 명망 있는 웅변가였으나 3개월의 짧은 영광과 잔혹한 종말을 맞은 비운의 황제였다. 초상조각으로 본 발비누스는 자신의 미래를 예감하고 있는 것일까? 통통하고 건장하지만, 살짝 일그러진 눈썹 아래 포착된 그의 시선은 비장하고 동시에 불안하다.

일반인의 초상 중 압권은 단연 폼페이 은행가였던 카이킬리우스(Lucius Caecilius Iucundus, 9~62)의 상이다. 그의 청동 초상은 79년 베수비오 화산 폭발로 잿더미가 된 그의 저택에서 각종 계약서와 영수증 등 문서 150여 점과 함께 발견되었다. 초상 속 그의 모습은 50대 초반에 생을 마감한 그의 연배로 추정되는데, 좌우 안면 불균형에도 불구하고 외모는 준수하다. 조각가는 이마와 눈 주변에 생긴 주름, 미간과 콧잔등에 깊이 팬 주름은 물론이고 왼쪽 아래턱에 달린 제법 큰 지방종 같은 불룩한 덩어리까지 그대로 다 생생하게 재현했다. 그래서 그의 상은 발음하기도 어려운 그의 이름보다는 '사마귀가 달린 남자의 초상'으로 불리기도 한다.

3. 중세와 르네상스 시대: 죽음의 보편성과 인간존재의 유한성

중세와 르네상스 시기 동안에는 흑사병의 발발로 인간의 삶과 죽음에 대한 성찰이 집중적으로 이루어졌다. 흑사병은 1346년부터 시작하여 19세기까지 산발적으로 발생했는데 14세기에 창궐한 대흑사병은 유럽 인구의 30퍼센트에서 50퍼센트까지 감소시켰다고 보고된다.

도처에 난무하는 죽음과 대흑사병의 경험은 죽음이 인간의 삶과 밀접한 것이며, 남녀노소 지위고하를 막론하고 언제든 찾아올 수 있다는 사실을 일깨우며 '죽음의 무도(Dance of Death)'라는 주제를 널리 유행시켰다. 죽음의 무도는 죽음의 보편성에 대한 우화적 예술 장르로 죽은 자 또는 죽음을 의 인화한 해골이 교황, 황제, 왕, 어린이, 노동자 등 각계각층의 대표자를 소환하여 무덤으로 향하는 춤을 추는 것으로 구성되었다.

이는 죽음의 불가피성을 상기시키고 이러한 현실에 대처하기 위한 도덕적 성찰을 촉구하는 역할을 한다. 초반에는 중세 말 교회 벽면을 장식하는 주제였으나, 이후 서양 문학과 예술로 확대되어 초시대적인 주제가 되었다.

한스 홀바인(the Younger), 〈죽음의 무도〉, 1538, 목판화 연작 중에서 〈수도원〉 장면

한스 발둥, 〈삶의 세 단계와 죽음〉, 1509~1510, 패널에 유채, 48×32.7cm, 빈 미술사박물관

니콜라스 마스, 〈졸고 있는 노파〉, 1656, 캔버스에 유채, 135×105cm, 브뤼셀 왕립 미술관

르네상스 시대와 바로크 시대, 화가들은 죽음의 보편성에서 더 나아가 필멸하는 인간존재의 유한성을 일깨우는 교훈적 메시지를 담아내고자 했다. 한스 발둥(Hans Baldung)의 〈삶의 세 단계와 죽음〉에는 어린아이, 젊은 여인, 그리고 노파를 찾아온 죽음을 다루고 있다. 그런데 해골의 모습에 가까운

죽음의 사자는 젊은 여인의 뒤에 바짝 붙어 그녀를 공격하려고 한다. 젊은 여인은 거울을 보며 자신의 미모 관리에 여념이 없다. 노파는 죽음의 팔을 가로막으며 저지하려 하지만 모래시계를 높이 치켜들고 자신의 때를 재촉하고 있다. 죽음은 삶의 단계처럼 순차적이지 않다는 것을 확인하게 된다.

바로크 시대 니콜라스 마스(Nicolaes Maes)는 주로 네덜란드의 엄격한 신교 전통에 따라 경건하고 검소한 일상을 보여주는 노파를 소재로 다뤘다. 노파는 대개 여성적 미덕인 레이스 뜨기를 하거나 성경책을 읽다가 살짝 잠이 든 모습이다. 당시 나태의 상징으로 해석되던 '잠'에 대한 경고가 무색해질 만큼 동일 모델로 추정되는 노파의 가정집 실내는 항상 극도로 검소하고 정갈하다.

특히 〈졸고 있는 노파〉는 17세기 네덜란드식 교훈을 강조한다. 그림의 우측 테이블 위에는 레이스 장비가 있고 그 뒤로 대형 성경책이 펼쳐져 있는데 구약성경 〈아모스〉이다. 아모스는 사치와 방탕한 삶에 대한 경고를 날린 선지자다.[143) 현세적 레이스 장비와 성경책 사이에는 모래시계가 있다. 조는 것조차 편치 못하고 경건과 근검절약이 몸에 밴 노파에게

143) 아모스 선지자는 북이스라엘의 수도 사마리아의 사치스럽고 향락에 빠진 상류층 귀부인들을 '바산의 암소'라고 불렀다(〈아모스〉 4:1). 당시 바산은 비옥한 평야지대로 살찐 소들로 유명한 지역이었다.

네덜란드식 교훈은 너무나 가혹한 것 아닌가.

4. 17세기 네덜란드 정물화: 삶의 풍요와 무상함(Vanitas)

피터 클레즈, 〈터키 파이가 있는 정물〉, 1627, 캔버스에 유채, 75×132cm, 암스테르담 국립미술관

피터 클레즈, 〈해골과 깃털 펜이 있는 정물〉, 1628, 캔버스에 유채, 24.1×35.9cm, 뉴욕 메트로폴리탄 미술관

네덜란드 화가들은 삶의 풍요와 인생무상에 대한 교훈을 인물화가 아니라 17세기 정물화(Still Life)로 본격적으로 다루기 시작했다. 신교 중심의 네덜란드에는 교회 장식을 위한 종교화가 불필요하여 교회미술이 압도적이었던 이탈리아와는 다른 환경이 전개되고 있었다. 네덜란드는 1602년, 다국적 기업으로 설립한 동인도회사를 기반으로 해상무역과 상업으로 부를 형성한 중산층이 새로운 미술 수요자로 부상하였다. 그들의 기호에 맞는 개인적 그림이 사고 팔리는 미술

시장이 형성되었고, 1648년 스페인으로부터 독립 후 예술은 더 발전하였다.

일상생활을 다룬 장르화, 정물화, 풍경화, 초상화(집단초상화) 등 다양한 회화를 탄생시킨 17세기를 네덜란드의 '황금기(Golden Age)'라고 부른다. 그중에서도 정물화는 가장 흥미로운 장르이다. 네덜란드 정물화는 인물 외 실내의 인테리어적인 요소나 정물 등 세부적인 것까지 관찰하고 사실적으로 묘사하는 북구의 전통에서 비롯되었다. 당시 해상무역의 발달로 각종 값비싼 식자재와 고급 식기류가 놓인 식탁을 통해 물질적 풍요와 아름다움을 찬양하되 세속적 쾌락, 유한한 인간존재 욕망의 덧없음은 잊지 말라는 교훈을 알레고리와 상징으로 표현한 것이 바로 네덜란드의 정물화이다.

17세기 네덜란드 정물화는 이중적 알레고리를 담고 있다. 과일과 꽃은 세속적 아름다움이자, 육체적 쾌락을 상징한다. 달콤하고 향기롭고 아름답지만 썩어 없어지는 것들이다. 유리잔의 깨지기 쉬운 속성은 연약한 인간존재를 닮았다. 은제식기와 당시 아라비아 상인들에 의해 아시아와 지중해를 거쳐 들여온 중국산 청화백자와 각종 고급 식자재들은 해상무역으로 얻은 물질적 풍요를 과시하고 싶은 욕망을 그대로 보여준다.

피터 클레즈(Pieter Claesz)의 정물화 속 달콤한 건과일이 든 터키식 파이, 석화, 포르투갈인들이 전쟁까지 불사했던 고급 향신료 후추, 코발트 안료로 만든 청화백자는 네덜란드 정물화에 등장하는 대표적 사치품이었다. 반 베이런(Abraham van Beijeren)의 〈생쥐가 있는 연회 정물〉에는 각종 과일과 야채, 석화, 랍스터까지 등장하는 화려한 잔칫상이 등장한다. 특히 과일이 너무 많아 복숭아는 굴러다니고 포도는 엇비스듬하게 얹어 놓은 그릇 아래 깔려 있다. 그런데 보일 듯 말 듯 작은 크기의 생쥐 한 마리가 은쟁반 위를 서성이는 충격적인 장면을 보여준다. 각종 식자재를 탐하는 이 불청객은 궁극적으로 과도한 사치에 대해 경종을 울리는 경고의 역할을 한다.

네덜란드 정물화 중 인간의 유한성, 즉 필멸의 존재를 일깨우기 위해 죽음, 인생무상과 관련된 오브제를 집중적으로 사용한 정물화를 '바니타스 정물화(Vanitas Still Life)'라고 한다. '바니타스'는 '덧없음'을 의미하는 라틴어로, 구약성경 〈전도서〉의 첫 구절, '전도자가 이르되 헛되고 헛되며 헛되고 헛되니 모든 것이 헛되다'(〈전도서〉 1:2)에서 유래하였다. 바니타스 정물화는 신구교 간 종교분쟁으로 많은 국가가 연루되었던 30년 전쟁(1618~1648)을 전후로 대대적으로 유행하였다. 흑사병 이후 유럽에서 800만 인구가 전쟁으로 희생되면서 죽음에 대한 성찰이 다시 이루어진 셈이다.

바니타스 정물화에는 해골, 등잔, 모래시계, 유리잔 등이 등장한다. 특히 반드시 등장하는 해골은 '죽음을 기억하라'는 '메멘토 모리(memento mori)' 메시지로 필멸의 인간존재를 일깨운다. 피터 클레즈의 〈해골과 깃털 펜이 있는 정물〉에는 죽음 외에도 기름이 다 되어 이제 막 꺼진 등잔과 근사한 깃털 펜으로 서명한 각종 계약서와 문서집이 보인다. 현세적 풍요와 안전을 담보해 준 서류는 방금 꺼진 등과 해골 옆에 비스듬하게 놓인 유리잔처럼 아슬아슬하고 덧없을 수 있음을 경고하고 있다.

또한 바니타스 정물화에는 인간의 삶을 풍요롭게 만들어 주기도 하지만 네덜란드 장르화에서 현세적 쾌락의 도구였던 악기와 같은 인간의 각종 지적 발명품들이 대거 등장하기도 한다. 더 나아가 해골과 함께 그려진, 너무 자주 넘겨 손때 묻고 해어진 낡고 두툼한 책들은 지식의 무용함과 인생무상을 불러일으킨다.

5. 19세기 낭만주의 풍경화: 노년의 알레고리

19세기 낭만주의 화가들은 노년의 알레고리를 풍경화로

표현하였다. 대표적인 화가로는 영국의 윌리엄 터너(Joseph Mallord William Turner)와 독일의 카스파 다비드 프리드리히(Caspar David Friedrich)가 있다. 이들은 모두 생의 말년에 제작한 이 작품들을 통하여 노년이 된 자기 삶을 반추하고 있다는 인상을 준다.

영국 국민화가 터너의 〈전함 테메레르(Temeraire)〉의 원제목은 '해체를 위해 마지막 정박지로 예인되고 있는 전함 테메레르'이다. 터너는 과거 1805년 트라팔가 전투를 승리로 이끌었던 전함 테메레르가 세월이 흘러 무용지물이 되자 해체를 위하여 새롭게 등장한 증기선에 의해 예인되어 가는 장면을 석양을 배경으로 그렸다. 거대한 성처럼 위풍당당하지만, 마치 유령 같은 색으로 서 있는 테메레르와 검은 굴뚝에서 시커먼 연기와 불꽃을 내뿜는 검은 예인선은 대조를 이룬다.

그림 우측의 지고 있는 해는 한 시대의 종말을 상징하고, 좌측의 떠오른 작은 초승달은 새로운 산업 시대의 시작을 상징한다. 터너는 역사의 뒤안길로 사라질 노함의 마지막 항해를 기록하며 경의를 표한 것이다. 영웅적 힘의 소멸을 낭만주의 정서로 그린 이 그림은 터너가 62세에 그린 것이라는 점을 감안할 때, 테메레르는 한때 영광스러운 성취를 이뤄냈지만, 이제 자기 죽음을 묵상해야 하는 터너 자신을 의미한다고도 해석할 수 있다. 〈전함 테메레르〉는 1995년 BBC 라디오에 의해 영국이 소장한 가장 위대한 그림 1위에 선정되었다 그 후 2020년 20파운드 신권에 터너와 함께 새로운 모델로 채택되었다.[144)]

윌리엄 터너, 〈전함 테메레르의 마지막 항해〉, 1839, 캔버스에 유채, 90.7×121.6cm, 런던 내셔널 갤러리

카스파 다비스 프리드리히, 〈인생의 단계〉, 1835, 캔버스에 유채, 72.5×94cm, 라이프치히 미술관

독일의 낭만주의 풍경화가 카스파 다비드 프리드리히는 자신의 풍경화에서 관람자가 더 깊은 생을 관조할 수 있게 하는 장치로 '뒷모습 인물상(Rückenfigur)'을 개발하여 독특한 경험을 제공한다. 북독일 항구도시 출신인 프리드리히의 인생을 항해에 비유하여 항해하는 범선을 바라보는 인물들이 등장하는 바다 풍경이 다수 남아있다.

그중에서도 그가 생을 마감하기 5년 전에 제작한 〈인생의

144) 신일희 외 저, 《낭만주의와 삶의 낭만성》, 학이사(이상사), 2022, 252~254.

단계〉는 더 특별하게 다가온다. 이 그림에는 프리드리히의 고향 독일 북동부 그라이프스발트(Greifswald)의 해안이 펼쳐져 있고, 다섯 척의 배와 자신을 포함한 가족 다섯 명이 그려져 있다. 노년의 화가는 전통 독일식 모자를 쓰고 지팡이를 짚고 등을 보이고 서 있다. 항구를 떠나 사라지고 귀환하는 배는 다양하게 해석될 수 있으나, 해안가에 머물러 있는 가장 작은 배는 아이들을, 저 멀리 항해를 떠난 두 척의 배는 어른 둘을 상징하는 것처럼 보인다.

중앙을 향해 귀환하는 가장 큰 배는 생의 여정 마감을 앞둔 노년의 화가 자신을 상징하는 것 같다. 그런데 화가 뒷모습 옆에 이미 땅속에 묻혀, 들어가기 시작한 뒤집어 놓은 또 다른 배 한 척이 마치 씁쓸한 관처럼 보이는 것은 지나친 비약일까? 뒤집힌 배는 오늘날 터키 서부 과거 리키아의 해안에 줄지어 서 있는 리키아인들의 석관들을 떠올리게 한다. 그들은 사람이 죽으면 배를 뒤집어 놓았는데, 망자들은 평생의 터전이었던 바다를 바라보며 그들이 함께한 배의 지붕 아래 안식을 누리고 있다.[145)]

145) 김경미, 《미술과 문화》, 계명대학교출판부, 2022, 104.

6. 20세기 이후: 시간성과 자기기록

현대미술에서 인간존재의 유한성, 삶과 죽음의 문제를 가장 치열하고 집중적으로 탐구한 사람은 2014년 작고한 온 카와라(On Kawara, 1932~2014, 29,771일)와 현재 왕성하게 활동 중인 영국 미술가 마크 퀸(Marc Quinn, 1964~)이다. 전자는 반복적이고 지속적인 시간성에 집착했고, 후자는 자기복제 내지 자기기록에 집중하며 다양한 실험적 시도를 이어가고 있다.

재미 일본 개념미술가 온 카와라는 생전에 일체의 인터뷰도 응하지 않았고, 자신을 노출시키지 않는 은둔의 작가였으며, 사후에 본격적으로 조명되고 연구되기 시작하였다. 그는 알파벳을 사용하지 않는 지역에서는 일본어 대신 세계 공용어인 에스페란토어를 사용하였고, 생을 마감할 때까지 오로지 자신의 자전적 정보들을 '시간'이라는 언어로 반복적이고 지속적으로 기록하였다. 시간과 관련하여 그가 주력한 연작은 〈오늘(Today)〉, 〈나는 ~에 일어났다(I Got Up)〉, 〈나는 만났다(I Met)〉, 〈나는 갔다(I Went)〉 등 대부분 시간의 경과가 중요한 주제이다.

온 카와라의 경우, 통상적인 생몰연대 표기 방식과 달리 살아생전 그는 자신의 전기를 소개할 때 살아온 날짜의 총합을 적었다. 이 새로운 그의 방식은 생전에도 준수되었고, 사후에도 여전히 준수되고 있다. 그는 생성과 소멸을 반복하는 시간을 시각화하여 '시간의 화가'로 불리기도 하고, "일본을 거부하고 자신이 선택한 정체성을 고수한다는 점에서 국가적·지리적·문화적 경계를 넘나드는 세계시민"[146]으로 평가된다.

온 카와라의 자전적 시간의 기록은 1968년 동료 작가였던 히로코 히라오카와 떠난 1년간의 신혼여행이 그의 유목민적 삶과 작업의 기반이 되었다. 그는 아침에 일어난 시간을 확인하고, 두 명의 지인에게 엽서(I Got Up)를 보내며, 지역신문을 사서 읽고, 그날의 날짜(Today)를 그 지역의 언어로 제작하였다. 저녁에는 그날 만난 사람을 기록하고(I Met), 자신이 간 곳(I Went)을 지도에 모두 표시하였고, 매일 모든 작업의 일지를 기록하였다. 시간성을 가장 잘 대변하는 연작은 이른바 날짜 그림, 〈오늘〉이다.

〈오늘〉은 1966년 1월 4일부터 생을 마감한 2014년 7월 10일까지 50년 동안 전 세계 112개 도시에서 제작된 3천 점에 달한다. 〈오늘〉은 일정한 규칙에 따라 작업되었다. 캔버스 규

146) 양은희, "세계시민 온 카와라의 자서전적 예술 만들기", 《서양미술사학회논문집》, 제24집, 2005, 51~70 중 53.

격은 8개, 색은 검정, 빨강, 파랑, 회색으로 제한하였다. 바탕칠은 4번, 날짜는 7번 색칠하고 서체도 3가지로 제한하였다. 그날 자정까지 완성하는 것만 남기고 미완성작은 폐기했으며, 완성작은 그날 신문을 덧댄 박스에 보관하고 작업일지에 기록하였다.

"카와라는 닫힌 시간의 방에 갇혀 삶과 죽음을 동시에 경험한다."[147)]

마치 참선을 하듯 이루어지는 이 단조롭고 반복적이고 기록적인 성격의 작업은 고도의 집중력을 필요로 하며, 예술작업이라기보다 종교 의식적인 행위이자 그 결과물처럼 보인다. 1인칭 '나는(I)' 연작 중 〈나는 아직 살아있다(I Am Still Alive)〉는 〈오늘〉과 달리 전보(Telegram) 형식으로 30년 동안 지인들에게 900건이나 발송되었다. '나는 자살하지 않는다. 나는 아직 살아있다'는 내용은 온 카와라가 얼마나 죽음에 근접해 있었는지를 단적으로 보여준다.[148)]

마크 퀸은 데미안 허스트(Damien Hirst), 크리스 오필리(Chris

147) David Zwirner, "Date Painting(s) in New York and 136 Other Cities: Press Release" https://www.davidzwirner.com/exhibitions/2012/date-paintings-new-york-and-136-other-cities/press-release (검색일: 2024년 11월 25일)

148) 그러나 이런 전문을 타전해야 하는 조타수에게는 괴로운 일이었을 것이다. 2009년 개설된 온 카와라의 트위터 계정에는 매일 '나는 아직 살아있다'는 문구가 올라왔는데 그의 사후에도 계속 올라왔다. 알고 보니 기계적인 생성 결과였다.

Ofili)와 함께 1990년대의 대표적 YBA(Young British Artists) 중 한 사람이었는데, 60대가 된 그는 이제 YBA라는 명칭은 어울리지 않게 되었다. 다른 YBA와 마찬가지로 필멸의 육체와 불멸의 영혼 관계에 대한 관심을 탐구해 온 퀸은 1997년 찰스 사치(Charles Saatchi)의 YBA 컬렉션 전시회에서 1991년 제작한 자신의 두상 초상조각 〈셀프(Self)〉를 선보이며 국제적인 주목을 받았다.

그가 주목받은 이유는 조각의 재료가 바로 미술가 자신의 피로 만든 엽기적 작품이었고, 냉동 장비에 의해 유지되는 신개념의 조각이었기 때문이다. 퀸은 성인 생존에 필요한 피 4.5리터를 1년에 걸쳐 뽑아 자신의 두상을 캐스팅하여 작업하고 냉동하였다. 퀸이 〈셀프〉를 만들 때 가장 어려웠던 것 중 하나는 두상이 동결건조되는 것을 막는 방법을 찾는 것이었는데, 결국 액체 실리콘에 넣기로 했다.[149] 냉동 장비에 의해서만 형태를 유지하고 특정 환경에 의해 유지되거나 소멸되는 작품이다.

퀸의 홈페이지에는 이에 대하여 〈셀프〉가 퀸이 알코올 중

149) 퀸은 화학자들과 상담하고 두상을 액체 실리콘으로 둘러싸면 혈액을 공기로부터 밀봉하고 보호할 수 있다는 사실을 발견하고 실리콘 오일 통에 넣어 냉동 전시하기로 했다. 실리콘은 무색투명하며 화학 반응성이 낮고 영하 80도에서도 액체 상태를 유지한다. James Romaine, "Marc Quinn: The Matter of Life and Death", Image, Issue 69, https://imagejournal.org/article/marc-quinn-matter-life-death/ (검색일: 2024년 10월 1일)

독자였던 시기에 제작되었으며, 생존을 위해 무언가에 전원을 연결하거나, 연결해야 한다는 의존성 개념이 뚜렷이 드러난다는 내용이 있다.[150) 5년마다 추가로 제작되는 이 연작은 1991년부터 2011년까지 총 5점이 제작되어 시간의 흐름에 따라 노화하는 퀸의 연속적인 자화상을 제시한다.

〈셀프〉 이후 퀸은 자신의 두상으로 충족되지 못한 불멸에 대한 염원을 식물로 확장시킨다. 1998년, 그는 해바라기, 장미, 백합 등 살아있는 꽃을 액체 실리콘에 넣어 영하 20~25도로 얼리기 시작했다. 퀸은 식물을 부활의 모티브로 사용하여 삶과 죽음의 공존을 주제로 완벽하고 부패하지 않는 정원의 세계를 만들고자 했다.

가장 섬세한 자연의 창조물 꽃의 생물학적 생명을 시각적 불멸로 구현하여 각각의 꽃들이 하나씩 들어간 〈영원한 봄〉 연작이 탄생한다. 2000년에는 〈영원한 봄〉에서 얻은 기술적 경험을 토대로 어마어마한 양의 꽃을 한데 모은 대형 프로젝트 〈정원(Garden)〉을 제작한다. 실리콘 오일 속에서 알록달록 화려하게 만개한 꽃들은 흡사 대형 수족관 풍경처럼 보이기도 하고, 초현실적 광경이기도 하다.

퀸은 "나에게 정원은 욕망에 관한 것이고, 세상의 모든 꽃

150) Marc Quinn, 〈Self〉 http://marcquinn.com/artworks/self (검색일: 2024년 10월 5일)

이 같은 시간, 같은 장소에서 동시에 피어나는 것, 완벽한 낙원(Paradise)에 대한 아이디어에 관한 것이다. 아이러니하게도 살아있는 것처럼 보이지만 죽은 꽃들이며, 재배된 정원이 아닌 인공적으로 구축된 정원"[151]이라고 밝히고 있다. 필연적으로 에덴을 연상시키는 퀸의 〈정원〉은 서로 다른 계절, 서로 다른 지역에서 피는 화초들이 동시에 만개한 낙원이다. '파라다이스'의 원래의 어원이 '울타리가 둘러치다'는 의미로 안전과 보호가 주목적이었던 것을 감안한다면 〈정원〉 속 꽃들은 가장 견고한 울타리 속에서 만개한 색과 자태를 그대로 유지한 채 고정되어 있다. 전기 공급이 유지된다는 조건에서 말이다.

식물을 매개로 생명의 불멸성에 대한 탐구 작업 후 퀸은 〈셀프〉에서 점화되었던 자기복제 내지 자기기록의 주제로 되돌아온다. 2000년부터 2001년 사이 이루어진 DNA 연작은 포스트휴먼 시대에 걸맞게 작업도 바이오아트이다.

DNA 연작은 런던의 국립 초상화 갤러리와, 인간 게놈 염기 서열을 밝혀 노벨상을 수상한 과학자 존 설스턴 경(Sir John Sulston)의 협업으로 이루어진 것이다. 퀸은 실험실에서 하는

---

151) Marc Quinn, 〈Garden〉 http://marcquinn.com/artworks/single/garden2 (검색일: 2024년 10월 5일)

방식으로 2001년 존 설스턴 경의 DNA와 자신의 DNA를 추출하여 액자형 한천 젤리 접시에 담긴 DNA 초상과 자신의 DNA 초상을 만들었다. 한천 젤리 막 속에 든 DNA는 주인공의 외모, 성격, 건강 등 모든 정보가 내재되어 있기 때문에 DNA 초상화야말로 가장 사실적이고 진정한 초상화일 수도 있다. 그는 같은 해 자신과 아내, 아들과 의붓딸의 DNA를 추출하여 네 개의 한천 젤리 막을 가로로 배열한 액자형 〈가족 초상화(복제 DNA)〉를 제작하기도 하였다.

2001년 작 〈DNA 정원〉은 마치 DNA 연작의 완결판처럼 보인다. 보쉬(Hieronymus Bosch)의 〈쾌락의 정원〉에 영감을 받았다고 밝힌 〈DNA 정원〉은 인간 2개, 식물 75개 총 77개의 복제 DNA 플레이트로 구성되어 있다. 중세의 3폭 제단화 양식으로 구현된 과학적 집단 초상화는 〈영원한 봄〉과 함께 에덴을 상기시키며 불멸의 '정원'에 대한 퀸의 염원을 다시 읽을 수 있는 작품이다.

불멸을 꿈꾸며 끝없는 자기복제를 이어가던 퀸이 2002년 내놓은 〈마침내 나는 완벽해(At Last I'm Perfect)〉는 자기기록의 최종본인 듯하다. 이것은 다이아몬드로 탄생한 자화상이다. 다이아몬드는 자연에서만 채굴하는 것이 아니라 실험실에서도 재배 가능하다고 한다. 머리카락을 탄화시킨 다음, 흑연화시켜 1.2캐럿 크기의 노란 다이아몬드 하나를 얻었다.

피로 만든 두상으로도, 천만번 채취한 DNA로도 채워지지 않는 퀸의 초상 최종본은 아이러니하게도 얼어붙은 자화상이다.

50년간 날짜를 새긴 온 카와라가 자신이 죽음으로써 작품이 완성된다고 한 것처럼 퀸의 모든 연작의 과정에서 삶과 죽음이 공존했듯 아이러니하게도 찬란한 완벽함은 '죽음'을 전제로 하고 있다. 그래서일까, 제목은 인간존재의 불완전성을 더 부각시킨다.

7. 어떤 노년 그리고 유한의 빛

로마의 초상조각이 당대 인물을 정직하고 충실하게 있는 그대로 재현했다면, 동양의 초상화는 그보다 더 본질적으로 파고든다. 동양화의 품평 기준 중 가장 중요한 것은 '기운생동(氣韻生動)'으로 사물의 본질과 정신을 강조하는 것이었다. 이를 가장 잘 표현한 화가는 고개지(顧愷之, 344~406년경)라고 알려졌지만, 대부분 비단에 그려진 그의 원본은 소멸되고 후대 화가들에 의해 모사된 구도만 전해져 원작의 아우라는 찾기 어렵다.

조선시대 초상화는 '전신사조(傳神寫照)'의 전통을 따라 인물의 외형 묘사뿐 아니라 인격과 내면세계까지 표출하고자 했다. 윤두서의 자화상이나, 강세황의 초상에는 눈빛 하나와 터럭 한 올에도 인물의 정신이 서려 있다.

이러한 우수한 조선시대 초상화를 특별한 관점에서, 그것도 노년에 집중적으로 파고든 사람이 있다. 독일에서 의학을 공부하고 연세대와 아주대를 거쳐 가천대 명예총장을 역임한 피부과 의사 이성낙 교수는 퇴임 후 명지대에서 미술사학을 다시 공부하고 박사논문을 엮어 귀한 책 한 권을 내놓았다.[152] 덕분에 한국 미술사학계에서는 조선시대 초상화에 나타난 피부병변을 전문의가 분석한 귀중한 데이터를 확보하게 되었다.

평소 미술 애호가였던 그는 독일에서 초상화와 피부병에 대한 강연을 듣고 동아시아 삼국 중에서 인물 재현의 진실성이 돋보이는 조선시대 초상화 전통을 떠올리고 연구하기 시작한 것이다.[153] 그의 기여는 미술을 알아야 할 수 있으며,

---

152) 이성낙 저, 《초상화, 그려진 선비정신》, 눌와, 2018.

153) 이성낙 박사는 '전신사조'라는 면에서 조선시대 초상화와 비슷한 중국 초상화는 과시와 조상숭배라는 면이 강하고, 일본 초상화의 경우 도식화된 권위가 묻어난다고 지적한다. 필자의 입장에서 볼 때 동아시아 삼국 초상화의 차이는 삼국의 기본적 미의식과 복식의 차이에서도 비롯된다고도 할 수 있다. 청나라 대신 오보이의 초상과 일본 도쿠가와 이에야스 초상의 경우 화려하고 과장된 복식이 눈에 띈다. 또한 인물의 위상을 고려한 주변 공간과 사물의 섬세하고 화려한 묘사는 인물에 대한 집중력을 분산시킨다. 그에 반해 조선시대 초상화 속 인물은 대부분 간결한 복식이며, 주변과 배경에 여백을 두어

동시에 피부과 전문의가 아니면 할 수 없는 일이다. 빛나는 노년이 아닐 수 없다. 1992년 개봉한 미국의 블랙 코미디 영화 〈죽어야 사는 여자(Death Becomes Her)〉는 현실성 없는 엽기적 서사에도 불구하고 화려한 배우진의 열연으로 상업적으로도 꽤 성공을 거뒀다. 무엇보다 기괴함과 허구에 가득 찬 스토리라인 속에 내재된 메시지는 결코 가볍지 않고, 오늘날까지도 여전히 우리의 폐부를 찌른다.

한 남자(브루스 윌리스)를 두고 앙숙이었던 두 여자(메릴 스트립, 골디 혼)가 전성기를 지나 늙고 초라해진 모습으로 다시 만나 화해하고 영원히 죽지 않는 묘약을 얻는다. 불멸을 얻은 그들은 총을 맞아도, 사지가 떨어져 나가도 죽지 않는 자신들을 수선해 줄 조력자가 필요해서 멘빌 박사(브루스 윌리스)에게 불멸의 묘약을 먹이려고 한다. 그러나 멘빌 박사는 그녀들을 지켜보는 것보다 죽는 것이 더 낫다며 죽음을 선택한다.

멘빌 박사의 장례식에서 계단을 내려가다 구르게 된 두 여자는 둘 다 동시에 온몸이 부서져 여러 조각으로 해체되어 버린다. 그러나 자신들을 재조합해 줄 그 어떤 조력자도 찾

인물에 집중하게 한다는 점이 다르다. 일본의 경우 근대기에 동아시아 삼국 중 여성 인물화에서 미인도 도상을 가장 먼저 확립한 바 있다. 가장자리에 꽃나무나 나뭇가지를 배치하고 여인을 그리는 도상은 조선 후기 화단에 영향을 끼치기도 하였다.

지 못하고, 눈만 깜박이고 입만 나불대는 기괴한 모습으로 영화는 끝이 난다.

영원히 젊고 아름다우며, 죽고 싶지 않은 두 여자와 그녀들을 바라보았던 한 남자의 이야기를 다룬 이 오래된 영화는 인간의 삶이 소중하고 아름다울 수 있는 것은 바로 삶이 '유한'하기 때문이라는 것을 일깨운다.

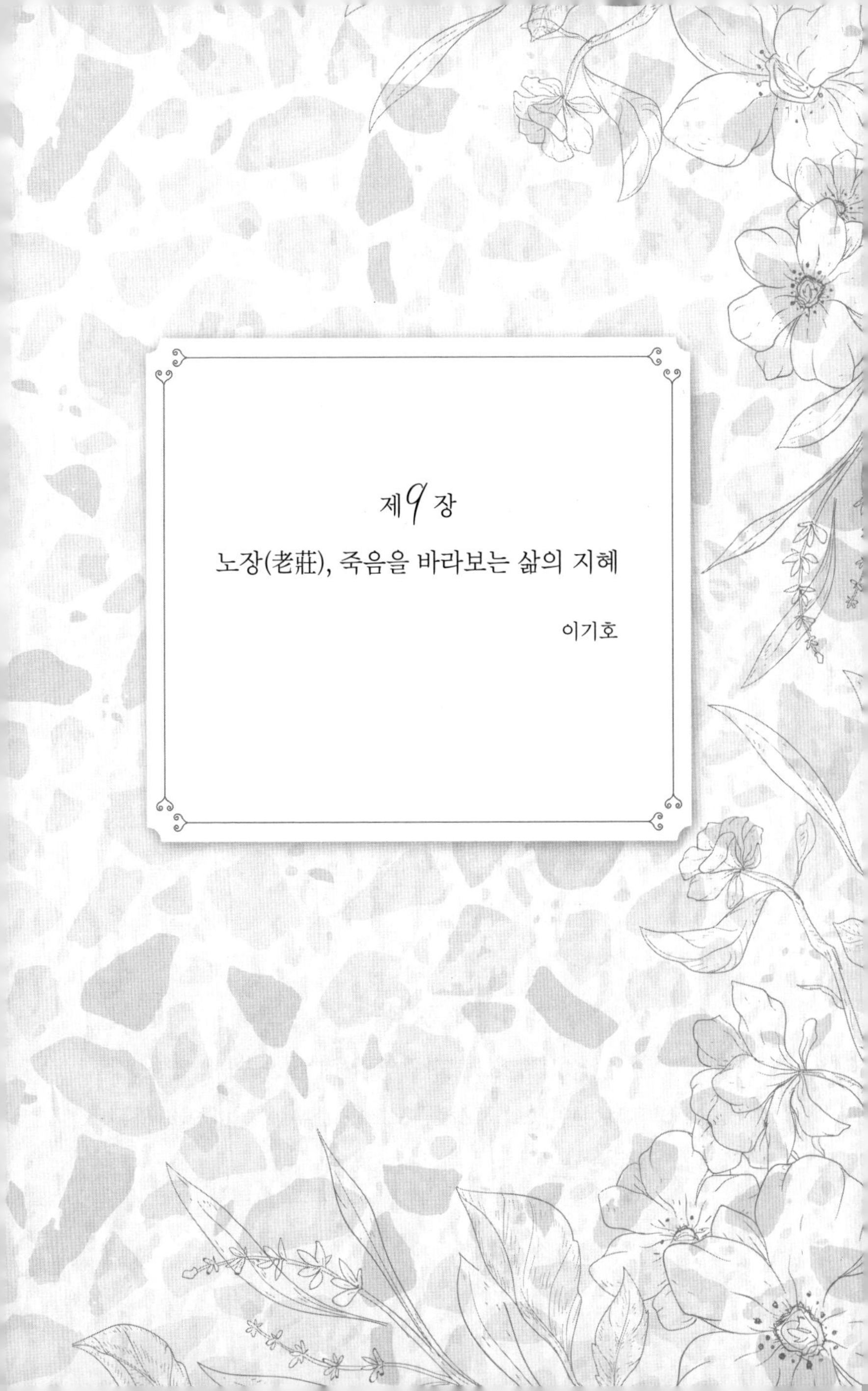

제 9 장

노장(老莊), 죽음을 바라보는 삶의 지혜

이기호

1. 세월아, 아까운 청춘들이 다 늙는다

무정세월은 덧없이 흘러가고, 이 내 청춘도
아차 한 번 늙어지면 다시 청춘은 어려워라.
어화 세상 벗님네들 이 내 한 말 들어보오.
인생이 모두가 백 년을 산다고 해도 병든 날과 잠든 날,
걱정 근심 다 제하면 단 사십도 못 살 인생,
아차 한 번 죽으면 북망산천의 흙이로구나.
사후의 만반진수는 불여 생전의 일배주만도 못하느니라.
세월아, 세월아, 세월아, 가지 마라. 아까운 청춘들이 다 늙는다.

- 〈사철가〉 중

이 노랫말은 우리나라 전통 성악곡인 판소리 단가 〈사철가〉의 일부다. 〈사철가〉는 사람의 일생을 봄·여름·가을·겨울에 비유하여 인생의 무상함, 늙음과 죽음에 대한 안타까운 심정을 표현한 노래다. '늙음'에 이르게 하는 '세월'을 붙잡

아보려고 목멜 듯 불러 젖히는 대목은 일종의 절절함마저 느껴진다.

이 세상에 살아있는 모든 존재는 시간 속을 사는 유한한 존재다. 비록 사람에게는 스스로 판단하고 결정할 수 있는 자유의지가 있다고 하더라도, 삶과 죽음은 자유의지의 영역 밖에 있는 일이다. 그야말로 속수무책인 그것은 언제나, 누구에게나 보편적으로 열려있어서 세상이 생겨난 이래 이 굴레를 빠져나온 사람은 아무도 없다. 우리는 그 굴레를 숙명이라고 부른다.

그 숙명 때문일까? 사람들은 저마다 죽음에 대한 막연한 공포를 마음속 깊이 감추고 산다고 한다. 대개의 사람은 죽음을 마지막이라고 여기고, 그것으로 말미암아 자신이 이 세상에서 사라져 없어지는 사건이라고 생각한다. 그래서 죽음은 매우 큰 불행이라고 생각하고, 이런 불행에 대한 공포는 그것에 다가가는 과정인 늙음까지도 매우 불편하게 여기도록 만든다. 오죽하면 앞의 노래에서처럼 자신을 늙음으로 질질 끌고 가는 그 세월을 잡아보려 목 놓아 부르짖겠는가!

사람이 태어나서 '죽음'으로 가는 시간의 길목이 바로 '늙음'이다. 이 둘은 누구에게나 앞에 놓인 보편적 현실임에도 우리는 그것을 그토록 불행한 사건으로만 여기고 두려워하며 살아야 하는 것일까? 동서고금을 막론하고 이러한 고민에 대해 위안이 될 만한 답을 찾으려고 노력했던 사람도 참 많았던 것 같다. '사람이 죽어도 그 영혼은 불멸한다'고 이야기하는 소크라테스와 같은 사람도 있었고, 죽음이라는 사건을 '신에 의한 구원'으로 여기는 다수의 종교도 있다.

그 외에도 일일이 거론할 수 없을 정도로 다양한 견해와 사상을 바탕으로 제각기 삶과 죽음의 문제를 통찰해 보려는 시도와 이론은 너무나 많다. 물론 어떤 것만을 특정하여 올바른 답이라고 할 수는 없다. 다만 이들은 생사의 굴레 속에서 공포와 불안에 휩싸인 사람들에게 마음의 위안 혹은 신념이 되어 삶의 태도를 변화하게 만든다는 공통점은 분명히 존재한다.

현대인의 기대수명은 예전에 비해 놀라울 정도로 늘었다고 한다. 중국 당나라 시인 두보(杜甫)는 "예부터 70세까지 살았던 사람이 드물다(人生七十古來稀)"고 했는데, 이 시구를 유래로 70세의 나이를 '고희(古稀)'라고 부른다. '드물게 오래 산 나이'라는 말이다. 아마 지금의 대한민국에 두보가 살았다면 70세를 90세나 100세쯤으로 고쳐야 고희의 의미에 적절하게 될 것 같다.

그런데 재밌는 것은 우리의 수명이 길어졌다고 해도 전체 인생 중 젊음의 기간보다는 노년의 삶이 더 길어졌다는 사실이다. 물론 요즘 들어 노령의 기준을 바꿔서 70대 초반으로 고쳐야 한다는 의견이 많지만, 자연적 흐름에 따른 신체적 노화 혹은 퇴화가 도래하는 시점은 인위적인 연령대의 기준 변경만으로 해결되진 않는다. 예나 지금이나 자연스러운 신체적 노화로 인해 늙은 사람은 그저 '늙은 사람'이다.

그래서 요즘처럼 수명이 연장된 세상에서 '늙음의 기간이 젊음의 시절보다 길다'는 사실은 바꿀 수 없을 것 같다. 이렇게 보자면 현대사회를 사는 우리는 늙음과 죽음에 대한 공포로 보내야 하는 시간이 예전 사람보다 더 길다. 이 때문에 삶과 죽음에 관한 조언이 더 많이 필요한 시대는 바로 지금이 아닌가 싶다.

이러한 상황 속에서 약 2,500년 전, 춘추시대를 살았던 노자와 전국시대의 극심한 혼란 속에서 많은 사람에게 '정신적 자유'를 깨우쳐주고자 했던 장자의 이야기는 우리에게 삶과 죽음을 바라보는 또 다른 눈을 뜨게 해줄 수도 있을 것 같다. 시대의 차이로 인하여 고리짝에나 들어가야 할 케케묵은 옛이야기로 여겨질 수도 있다. 그러나 케케묵은 옛이야기가 지금까지도 없어지지 않고 사람들의 입에 회자된다는 것은 그것이 지금의 세상에도 유효할 만한 진리를 품고 있기 때문일 것이다.

이제 노자와 장자의 입을 통해 언급된 삶과 죽음의 이야기를 통해 우리가 오래 가지고 가야 할 늙음의 삶을 향유할 수 있는 지혜를 찾아보는 시간을 가져보자. 이것이 흔히 이야기하는 웰다잉(Well Dying)을 향한 웰에이징(Well Ageing)의 과정이 될 것이며, 웰빙(Well-Being)의 참모습을 설계하는 과정이 될 수도 있지 않을까?

2. 노자, 장자 그리고 도가

노자와 장자는 각각 중국의 춘추시대와 전국시대의 사람이다. 춘추시대는 대략 BC 770~403년의 기간을 일컫는데, 중국의 제3대 왕조였던 주나라 말기에 속한다. 초기의 주나라는 이전의 왕조와 달리 인간 중심적인 사유와 문화가 발달한 시대였다고 전해진다. 특히 이 시기에 만들어진 종법제도(宗法制度)는 '혈연을 중심으로 한 봉건제도'가 그 중심에 있다. 종법으로 인해 천자국과 제후국이 모두 혈연으로 엮여 있었기 때문에 모든 나라는 부모와 자식의 관계이거나 형제와 형제의 관계로서 서로 돕고 보조하는 관계였다고 한다.

이후 발달한 철기와 우경(牛耕) 등은 생산물의 증대와 풍요로움을 선사하였다. 그러나 세대의 흐름에 따라 왕조를 지탱하던 종법은 그 혈연의 농도가 매우 엷어졌다.

사정이 이렇게 되다 보니 제후들은 자신들이 쌓은 부를 기반으로 각자의 실력을 쌓게 되었고, 그 실력을 바탕으로 주변 제후국뿐만 아니라 천자의 지위까지 넘보려는 찬탈의 시도까지 왕왕 일어났다. 심지어 천자는 선조가 도읍을 삼았던 호경(현재의 서안) 지역에서 동쪽의 낙읍(현재의 낙양)으로 밀려가는 수모까지 겪게 되었다.

천자의 지위도 명목상으로만 살아있을 뿐 실제로는 언제나 주변 제후들의 위협을 받을 정도로 바닥에 떨어지는 지경에 이르렀다. 경제적으로는 이전보다 풍요로웠지만, 인륜과 도덕은 바닥을 치며 침탈을 일삼는 사회라고 기록된 이 시기가 바로 춘추시대다.

전국시대는 대략 BC 403년부터 진나라에 의해 중국 최초의 통일왕조가 등장하던 BC 221년까지의 시기를 일컫는다. 이때는 주나라의 왕실이 거의 사라지고 강성한 몇몇 제후국들에 의해 천하가 정벌 전쟁으로 점철되었기 때문에 '전국'이라는 별호가 붙었다고 한다. 전쟁으로 인해 가혹한 세금에 시달리고, 일할 만한 사람들은 전쟁에 동원되어 길가에는 굶어 죽고 얼어 죽은 시체가 널려있었다고 하니 얼마나 혹독하고 어려운 시절이었는지 상상도 할 수 없다.

이처럼 노자와 장자가 살았던 시대는 어려운 시기였다. 그런데 난세에 영웅이 난다고 했던가? 혼란한 시기의 지식인들은 자신이 사는 시대의 인간과 사회에 관한 깊은 반성과 통찰로부터 난세를 극복하는 방법을 고민한다. 이 시기에도 수많은 사람이 나름의 방식으로 사회를 진단하고 세상을 바로잡을 수 있는 경륜을 내놓았으니, 우리는 그들을 일컬어 제자백가(諸子百家)라고 한다. 노자와 장자는 이 제자백가의 한 학파인 '도가(道家)'의 학자들이다.

도가는 유가와 함께 동아시아인들의 생각과 삶을 주도하는 정신적인 두 축이라고 할 만큼 대표적인 사상이다. 노자를 시작으로 3,000년 가까이 민간에서 꾸준히 전수되고 연구되었을 뿐만 아니라, 외래에서 유래한 수많은 사상이나 종교를 번역하고 전파할 때 중요한 다리 역할을 하였다.

현대에 와서는 서구 유럽의 많은 학자도 도가 사상에 관심을 가지고 연구하는데, 특히 생태 문제와 같은 현대사회의 다양한 문제 해결에 있어서 근본적 진단과 해결의 실마리를 제공할 수 있는 사상으로 평가받기도 한다.

흔히 노자를 '도가의 창시자'라고 하지만, 사실 노자가 적극적인 노력으로 사람을 끌어모아 학파를 만들거나 하진 않은 것 같다. 워낙 은자적인 성향이 강하고 자연스러운 무위(無爲)의 삶을 추구한 노자가 인위적으로 사람을 모아 파당을 짓고 세를 이루지는 않았을 것이다. 그러니까 '창시'라는 용어보다는 '시초' 정도의 말이 옳을 것 같다. 더구나 노자 개인에 관해서는 생몰연대뿐만 아니라 정확하게 알려진 프로

필이 없기 때문에 인간 노자를 알 수 있는 사실적 근거는 별로 없다.

그에 대한 기록은 단편적이고, 다양하며, 신비로움으로 가득 차 있기 때문에 어떤 것이 진실인지 분간하기도 어렵다. 다만 약 5,000글자로 이루어진 《노자》의 저자라는 것만 거의 정설로 내려오고 있을 뿐이다.

장자에 관해서도 알려진 것은 그리 많지 않다. 전국시대 중기 송(宋)나라 출신이며, 유가의 맹자(孟子)와 동시대에 활동한 학자로, 한동안 미관말직에 머물렀던 이후로는 평생 가난하게 살았다는 정도가 장자에 대한 사실적 정보다. 사상의 측면에서는 노자의 영향이 가장 큰 것처럼 보이지만 이외에도 당시 다양한 제자백가의 사상도 많은 영향을 준 것 같다.

대표적인 저작은 《장자》인데, 장자가 직접 저술한 부분도 있고 그 제자나 후학들에 의해 편집되거나 추가된 곳이 많다고 한다. 《노자》에 비해 다소 방대한 분량인데 대부분의 내용은 우화 형식으로 저술되어 있다. 아마 지식인들뿐만 아니라 보통 사람들도 쉽고 흥미롭게 읽을 수 있도록 하여 자신의 사상을 수월하게 이해하도록 하려는 방식이 아니었을까 생각해 본다.

이처럼 시대적 차이도 100년 이상은 날 것 같은 노자와 장자를 한데 묶어 도가의 대표적인 사상가로 삼은 것은 이들

사상의 중심 개념이 '도'에 있기 때문이다. 물론 노자와 장자 외에도 도라는 용어를 사용하는 사상학파는 매우 많다. 유가만 보더라도 천도(天道)니 인도(人道)니 하며 도라는 용어를 빈번하게 사용한다. 도가들의 '도'가 타 학파의 '도' 개념과 완벽하게 떨어진 개념은 아니겠지만, 이들이 표현하는 개념은 매우 스케일이 크고 심오하게 느껴진다.

3. '도'의 진정한 의미

본래 도는 '길'을 의미하는 말이었다. 중국에서 가장 오래된 자전인 《설문해자(說文解字)》에도 도는 '사람이 다니는 길'이라고 해석되어 있다. 단순한 구상개념이었던 도는 주나라 말기에는 쓰임에 따라 다양한 의미를 갖게 되었다. '방법' '규칙' '법' '원칙' '원리' '말하다' '가다' 등 다소 추상적인 개념으로 쓰였다. 노자와 장자가 살았던 시기가 주나라 말기의 춘추전국시대임을 감안한다면 이들이 강조하는 도는 추상적으로 확장된 개념에서부터 시작되었다는 추리가 가능할 것이다.

도가의 도는 명확하게 정의하기 매우 어려운 개념이다. 유형의 형태도 가지고 있지 않으려니와 사람의 언어로도 완벽하게 표현될 수 없기 때문이다. 사실 도가 사상을 이해하거나 설명하기 어려운 이유도 여기에 있다. 그런데 이러한 고민은 노자와 장자도 마찬가지였던 모양이다. 그래서 《노자》와 《장자》의 여러 편에서는 매우 다양한 비유를 통하여 도를 설명하는데, 그것을 이해하는 데 도움이 될 만한 몇 구절을 소개한다.

> 무언가 뒤섞인 것(混成)이 있는데, 그것은 하늘과 땅보다 먼저 있었다. 그것은 소리도 없고 형체도 없으며, 독립하여 있으면서도 변하지 않고, 두루 행하면서도 위태롭지 않으니 천하의 어머니가 될 만하다. 나는 그 이름을 알지 못하여 글자를 붙여 '도(道)'라고 하고, 억지로 이름하여 '대(大)'라고 하였다. 큰 것은 서서히 움직이면서 끊임없이 가는 것이요, 끊임없이 가기 때문에 멀리까지 미치며, 멀리 가면 되돌아오는 것이다. … 사람은 땅을 본받고, 땅은 하늘을 본받으며, 하늘은 도를 본받고, 도는 자연을 본받는다.
>
> -《노자》 25장

여기서는 도의 본질을 말하며, 《노자》 전체 내용을 함축하고 있다. 노자는 직접적으로 도라는 용어를 쓰지 않고 '무언가 뒤섞인 것'이라는 표현을 쓴다. 노자가 이미 '카오스'와 '빅뱅'의 이론을 알고 있었을까? 뒤섞여 있다는 것은 '뭔가

잡스러운 것들이 뒤죽박죽으로 엉켜있다'는 말이 아니다. 노자는 이 세상의 천지와 만물이 모두 도에서 생성된다는 기본적인 사유를 가지고 있는데, 그런 관점에서 '무한한 생성의 가능성을 가진 어떤 것'이라는 의미로 이렇게 표현한 듯하다. 그렇기 때문에 그것은 '하늘이나 땅보다도 먼저 있었다'는 식으로 논리적인 선후관계를 말하는 것이다.

하늘과 땅보다 먼저 있으면서 세상의 만물을 빚어낸 이 태초의 존재는 소리도 없고 형체도 없어서 사람의 오감으로는 파악할 수 없다. 사람의 감각 능력에 의해 파악될 수 없긴 하지만 그것은 언제나 변함없이, 그리고 세상 만물 어디에나 두루 미쳐 존재한다. 즉 그것은 '항존(恒存)'이라는 특성을 갖는다.

이렇게 이성적으로 규정할 수도 없고, 감각적으로 경험할 수도 없는 그 '뒤섞인 것', 노자는 그것을 가리켜 '도'라는 문자로 표현하고 '큼(大)'이라는 이름을 붙여준다. 여기서 크다는 것은 우리가 가진 인식의 한계를 넘어설 만큼 크다는 의미다. 그러니까 너무 커서 그 끝 간 곳을 알 수 없을 정도로 멀고 아득하게 뻗어 있으므로 우리의 인식으로는 그 크기를 가늠할 수 없다는 것이다. 간혹 영상을 통해 우주공간을 바라볼 때나 깊은 우물을 상상해 보면 쉽게 이해될 것이다. 우물이나 우주공간은 그 깊이와 거리가 너무 깊고 멀어서 시커

멓게 보이는 경우가 많다. 그런 의미에서 간혹 노자는 도를 검다는 의미로 '현(玄)'이라는 글자로 표현하기도 하는데, 매우 일리 있는 비유인 것 같다.

이처럼 도는 무한하게 크기 때문에 우리의 눈이 미치지 않는 곳까지 아주 멀리 움직여 닿지 않는 곳이 없는데, 그토록 멀리 가서도 머무르지 않고 되돌아왔다가 되돌아가기를 반복한다. 즉 도는 우주와 만물을 생성하는 본원임과 동시에 그 우주와 만물이 운동·변화하는 원리이기도 하다. 그러한 도의 성격을 노자는 '자연'이라고 말한다.

자연이라는 개념이 최초로 나타난 고전이 바로 《노자》다. 이것은 꽃피고 나무가 울창한 산과 들 같은 자연계를 의미하는 것이 아니다. 한자 그대로 '스스로 그러함' 혹은 '저절로 그러함'이라고 풀이하는 것이 노자의 의도에는 맞을 것 같다. 스스로 그러한 자연의 내용은 도에 내재하는 필연적 힘이며, 이것은 '도가 작용하는 방식'이라는 말로 설명할 수 있다.

도에 의해 생성된 천지와 만물은 저마다 도의 성격을 지니고 태어난다. 이 도는 생성뿐만 아니라 운동과 변화의 원리로 작용하게 되는데, 마치 물이 위에서 아래로 흐르는 것은 그 물이 타고 난 도의 본성이기 때문에 아래로 흘러갈 때 물의 도에 순응하여 물답게 살아가는 것이다. 이처럼 '스스로 그러한' 자율적 법칙에 따라 생장 변화하는 것을 '자연'이라고 하는 것이다.

나아가 노자는 도가 어떤 의지나 목적을 가지고 천지 만물을 주재하는 것이 아니라, 천지 만물이 스스로 존재하고 움직이도록 한다는 '무위자연(無爲自然)'을 강조한다.

> 위대한 도는 장맛물처럼 왼편, 오른편 어디에나 있다. 만물은 이것에 힘입어 생성되지만, 그것을 내세워 얘기하지 않으며, 공을 이룩하고서도 이름을 내세우지 않는다. 만물을 입혀주고 길러주고 하면서도 그 주인 노릇을 하지 않는다. 언제나 바라는 게 없어 작은 존재라 여기기 일쑤다. 그러나 만물이 그에게로 되돌아가는데도 그 주인 노릇을 하지 않으니 위대한 존재라 부를 수 있는 것이다.
>
> -《노자》34장

도는 만물을 생성하는 본체이지만 자신의 공적이나 이름을 내세우지 않고, 만물이 그 본성대로 살게 해주지만 그것을 주재하는 주인 노릇조차 하지 않으면서, 조용히 있는 듯 없는 듯 있기 때문에 사람들은 그 존재도 깨닫지 못하고 산다. 그래서 너무 작고 쓸데없는 것, 심지어 존재하지 않는 것이라 오해도 받는다.

이처럼 만들어주고 자연스럽게 흘러가도록 도와주면서도

아무런 작위가 없는 상태가 '무위(無爲)'이다. 무위는 '아무것도 하지 않는다'는 뜻이 아니라, '억지로 작위 하지 않는다'는 뜻이며, 이러한 무위의 태도는 자연의 요구에 순응하여 '만물이 스스로 그러함(自然)을 돕는다'는 것이다. 나아가 새삼스럽게 흔적을 남기지 않으면서도 자연의 순리에 따라 모든 목적을 달성하는 것이다.

4. 되돌아오는 것이 도의 움직임이다

앞서 말한 바와 같이 도는 사람이 가진 지성의 한계를 초월하는 절대적인 것이다. 그래서 노자는 사람으로서는 그 존재를 정확하게 파악하기도 어렵고, 말로 표현하기도 힘들다고 한다.

> 도를 도라고 말할 수 있으면 '항상스러운 도(常道)'가 아니다. 이름을 이름이라고 할 수 있으면 '항상스러운 이름'이 아니다. 이름이 없는 것은 천지의 시작이요, 이름이 있는 것은 '만물의 어머니'이니라.
>
> -《노자》1장

《노자》는 '도'를 말로 표현할 때, '왜곡된다'는 문장으로 시작한다. 사실 이 대목은 말과 글이라는 의사소통 수단을 통해 도를 설명해내야 하는 연구가들을 매우 곤혹스럽게 만든다. 도라고 하면 항상스러운 도가 아니라니….

노자가 이렇게까지 부정적인 표현을 통해 강조하는 이유는 도가 인간의 의식적 모형에 의해 제약될 수 없는 존재이기 때문이다. 그래서 25장에서도 '뒤섞인 어떤 것'이라는 말로 표현했던 것 같다. 즉 노자의 도는 이른바 '무규정적인 근원자'라고 할 수 있다. 사람은 도에 의해 생성된 만물 중 하나다. 그런데 그 생성물 중 일부인 사람의 의식이 투영되어 언어로 표현되는 순간 도는 사람에 의해 임의로 제약받고 왜곡된다는 것이다.

사람의 의식이 투영된 세상은 늘 상대성에서 벗어나지 못한다. 사람들은 자신의 주변에서 일어나는 사건이나 사물을 상대적인 관점으로만 파악하는 경향이 강하다. 그러나 노자와 장자는 이러한 상대성을 부정적인 눈으로 바라본다. 현상계의 사람들이 파악하는 사건과 사물은 모두 독립적으로 존재하는 것처럼 보인다.

그러나 그것을 만물의 근원인 도의 차원에서 본다면 '모두 똑같이 도를 품부하였다'는 측면에서 주와 객이 분화되지 않은 통일체다. 즉 만물은 하나라는 것이다. 그런데 이렇게 분화되지 않은 통일체가 현상계에서는 분리된 독립체로 나타나기 때문에 우리는 그것들 각각의 연관성을 배제하게 되고, 그리하여 이 독립된 사물들은 존재의 근원을 잃어버리게 되는 결과에까지 이른다. 현상계의 사물은 서로 상대적인 것처럼 보이지만, 그 존재의 기반을 도라는 하나의 근원적 존재에 두고 있기 때문이다.

나아가 노자는 도의 움직임을 통하여 상대적인 모든 개념은 실제로 하나라는 사실을 다시 한번 강조한다.

> 되돌아오는 것이 도의 움직임이다. 약함(유연함)은 도의 쓰임이다. 천하의 만물은 '있음'으로부터 생겨나고, 있음은 '없음'으로부터 나온다.
>
> -《노자》 40장

노자는 도의 움직임을 '되돌아오는 것(反)'으로 여긴다. 여기서 되돌아온다는 것은 세상의 모든 상대적인 개념들은 독립되어 떨어져 있는 것이 아니라, 서로 대대(待對)의 관계로서 '서로가 서로를 낳는 관계'라는 것이다. 그러므로 '있음(有)'은 '없음(無)'으로부터 나오고 없음은 있음으로부터 나온다고 했다. 다소 말장난 같아 보이는 대목이지만, 세상의 모든 상대적인 개념은 '되돌아오는' 운동성으로 인해 일정한

극점에 도달하면 그 반대로 되돌아가는 하나의 연장이라는 것이다.

> 변방에 사는 사람 중에 재주가 뛰어난 사람이 있었다. 말이 아무런 까닭도 없이 도망쳐 오랑캐의 땅으로 들어가니 사람들이 모두 위로했다. 그 아버지가 말했다.
> "이런 상황이 어찌 갑작스레 복이 되지 않겠습니까?"
> 수개월이 지나 말이 준마를 데리고 돌아오니 사람들이 모두 축하했다. 아버지가 말했다.
> "이런 상황이 어찌 갑작스레 재앙이 되지 않겠습니까?"
> 집에 좋은 말들이 많아 아들이 말 타길 좋아하다가 떨어져 넓적다리뼈가 부러지니 사람들이 모두 위로했다. 아버지가 말했다.
> "이런 상황이 어찌 갑작스레 복이 되지 않겠습니까?"
> 일 년이 지나 오랑캐가 변방에 침입하니 장정들은 화살을 당기며 싸웠고 변방 근처의 사람들은 10명 중 9명이 죽었지만, 아들은 홀로 절름발이였기 때문에 부자(父子)가 서로 목숨을 보전했다.
>
> -《회남자》, 〈인간훈〉 중

이것은 《회남자》에 전하는 '새옹지마(塞翁之馬)'의 고사다. 보통의 사람들은 재산이 늘어나는 일을 복으로 여기고, 재산이나 가족을 잃는 일을 재앙으로 여긴다. 그래서 자기에게 더 이롭게 여겨지는 복만 추구하고 재앙을 멀리하려는 성향이 있다. 이는 복과 재앙이 서로 다른 차원의 일이라고 생각하기 때문이다. 그러나 고사의 주인공은 그 둘이 떨어져 독립된 것이 아니라 더 높은 차원에서 생각해 보면 하나의 일이라는 사실을 깨닫고 있는 사람이다. 이러한 《회남자》의 고사는 상대적인 것을 대하는 노자의 태도를 잘 나타내준다.

> 화는 복이 의지하는 곳이고, 복은 화가 숨는 곳이다. 누가 그 끝을 아는가? 절대적인 바름이란 없다. 바른 것이 기이한 것이 되기도 하고, 선한 것이 요사한 것으로 되기도 한다. 사람들이 이런 것에 미혹되어 온 지 오래다.
>
> -《노자》 58장

세상에 존재하는 화와 복은 서로 맞물려 있어서, 서로가 서로를 낳으면서 끊임없이 반복된다. 그런 차원에서 보면 우리가 늘 추구하는 '바름'도 절대적인 것이 아니다. 바름은 '기이한 것'으로 돌아가고, 기이한 것이 극에 도달하면 다시 바름으로 되돌아간다는 이치이기 때문에 한쪽에만 몰두해선 안 된다. 있음과 없음, 강함과 약함, 높음과 낮음, 밤과 낮, 어려움과 쉬움, 아름다움과 추함, 위와 아래, 앞과 뒤, 선과 불선 같은 상대적인 개념들도 모두 마찬가지다. 모든 대립 항은 상호 존재의 근거가 되며, 서로에게 내재되어 있는 반대편을 향해 상호 전화해 나간다.

현상계의 시각으로 보자면 한쪽은 긍정적이고 다른 한쪽은 부정적이라고 여기게 되어 둘이 모두 '도'라는 차원의 한 가지라는 것을 잊지 말아야 한다. 이 둘을 상대적인 것으로 나누어 편협한 곳으로 빠지면서 욕심이 끼어들고, 그 욕심에 의해 하지 못할 작위를 일삼게 되면서 세상은 병통에 빠지고 만다는 것이 노자와 장자의 세상에 대한 진단이다.

5. 삶과 죽음도 하나 – 현해(懸解)

이런 관점에서 보면 사람의 삶과 죽음도 상반되는 두 사건이 아니라, 서로 상생하고 대대하는 관계로서 하나의 일이다. 도라는 큰 틀에서 바라보면 모든 사물은 자연이라는 동일한 속성을 지니며, 그런 차원에서 태어남과 동시에 죽음을 향해간다는 동시성을 갖는다. 그렇기 때문에 삶은 죽음으로부터 시작되며, 죽음은 삶이 변화하는 것이다. 또한 사람이 죽는다는 것은 없어지는 것이 아니라 만물의 근원인 도로 돌아가는 자연스러운 현상이다. 이러한 생각을 생사일체관(生死一體觀)이라고 한다.

죽고 사는 것은 숙명(天命)이며, 그것이 밤과 낮으로 일정하게 변화하는 것은 하늘(自然)의 도이다. 그리고 사람이 간섭할 수 없는 일이 있음은 만물의 실상이다.

-《장자》, 〈대종사〉 중

장자는 인간의 삶과 죽음을 '숙명'이라고 표현하였는데, 이 숙명을 자연스러운 것이라고 여기고 있다. 삶과 죽음은 도의 자연스러운 운행에 의해 우리에게 도달하는 것이므로 사람의 인위를 통해 간섭할 수 없는 것이다. 이러한 인식의 기초 위에서 사는 때와 죽는 때는 두려워할 것이 아니라, 오히려 편안히 여기면서 순조롭게 처하는 것이 지나치게 슬퍼하거나 기뻐하는 감정으로 몸을 손상하는 것보다 낫다.

이런 생각을 잘 보여주는 우화가《장자》의 〈대종사〉 편에 있다. 자사와 자여, 자이, 자래라는 네 사람이 모여 이야기를 나누다가 누군가가 이런 이야기를 했다고 한다.

누가 무(無)를 머리로 알고, 삶(生)을 등골로 알며, 죽음(死)을 꽁무니로 여길 수 있을까? 또 누가 삶과 죽음, 있음과 없음이 한 몸임을 아는가? 만일 그런 사람이 있다면 나는 그 사람과 사귀고 싶네.

-《장자》, 〈대종사〉 중

'무'는 존재의 근원이면서 운동과 변화의 원리인 '도'의 또 다른 이름이다. 이 말을 한 사람이 넷 중 누구인지에 대해서는 글 속에 나타나 있지 않다. 다만 도의 차원에서 바라보면 삶과 죽음도, 있음과 없음도 나뉘지 않는 하나라는 이야기를 하는 것을 보니, 노자와 장자의 사상에 일가견이 있는 사람인 듯하다. 어쨌든 이 말이 끝나자, 네 사람은 서로의 얼굴을 바라보며 빙그레 웃고는 서로 친구가 되었다고 한다.

얼마 후 자여에게 큰 병이 들었다는 말을 듣고 자사가 문병하러 갔다. 자여의 모습을 본 자사는 깜짝 놀랐다. 그 모습이 너무나 참혹했기 때문이다. "등은 굽어 불쑥 솟아있고, 오장은 위로 올라가 있었으며, 턱은 배꼽 아래에 숨고, 어깨는 이마보다 높았는데, 목덜미는 하늘을 가리키고 있었다"고 되어 있는데, 도무지 상상이 가지 않을 정도로 괴이한 모습이다. 그런데 더 기가 막힌 것은 자여의 태도였다. 그는 너무나 태연하고 한가로워 보이는 모습으로 이렇게 말했다.

자여: 저 조물자가 내 몸을 이처럼 구부러지게 한단 말이야.

자사: 그대는 그것이 싫은가?

자여: 아닐세. 내가 무엇을 싫어하겠는가? 가령 나의 왼쪽 팔뚝을 서서히 변화시켜서 닭이 되게 한다면, 나는 그것을 따라 새벽을 알리는 울음을 내게 할 것이고, 가령 나의 오른쪽 팔뚝

을 서서히 변화시켜서 화살이 되게 한다면 나는 그것을 따라 새 구이를 구할 것이네. 가령 나의 궁둥이를 변화시켜서 수레바퀴가 되게 하고 나의 정신을 말(馬)이 되게 한다면 나는 그것을 따라 수레를 탈 것이니 어찌 따로 수레에 멍에를 하겠는가? 게다가 생명을 얻는 것도 때를 따르는 것이며, 생명을 잃는 것도 때를 따르는 것이니 태어나는 때를 편안히 맞이하고 죽는 때를 순하게 따르면 슬픔이나 즐거움 따위의 감정이 나의 마음에 들어올 수 없지. 이것이 옛날의 이른바 거꾸로 매달렸다가 풀려났다는 것일세. 그런데도 사람들이 스스로 풀려나지 못하는 것은 사물이 그것을 묶어놓고 있기 때문일세. 또 사물이 자연을 이기지 못한 지 오래되었는데, 내가 또 어찌 싫어하겠는가?

- 《장자》, 〈대종사〉 중

여기서 언급된 '조물자'는 도의 또 다른 표현이다. 웬만한 사람에게 자여가 앓던 정도의 병이 찾아오면 그것을 고치기 위해 이름난 병원은 모조리 수소문하고 다닐 것 같다. 혹시 그것이 불치의 병이라면 차라리 그 삶을 고통이라 여기면서 죽음의 길을 스스로 선택할지도 모른다. 그런데 자여는 자신의 탄생뿐만 아니라 살아가는 과정 중에서 희귀한 병이 찾아온 상황조차도 자신에게 내재된 도의 자연스러운 속성과 그

흐름에 따른 것이라고 했다.

자여는 도의 운행에 순응하며 살아가는 삶 속에서 다소 상상할 수 없을 정도로 괴이한 신체의 변화조차도 '자연스레 때를 만나는 일'이라 여긴다. 그렇기 때문에 자신의 변화로 인해 마음이 흔들리거나 다치지 않는 경지에 이르러 있다. 현상계에서 인식하는 상대성을 통해 자신의 마음을 어지럽게 만드는 생각에서 벗어나 있다는 말이다. 그에게는 삶도, 늙음도, 죽음도 더 이상 희로애락이라는 감정의 대상이 아니다.

비슷한 내용의 우화가 〈양생주〉 편에도 나온다. 노자가 죽자, 그와 친분이 두터웠던 진일이 조문을 갔다. 진일은 노자의 위패 앞에서 조문의 예법대로 세 번만 곡을 하고 나왔다. 친분이 두터운 사람이 죽으면 그 슬픔을 이기지 못해 통곡으로 애도하고 망자의 가족을 위로하는 것이 일반적이다. 그런데 진일은 너무나 일상적인 예법으로 간단하게 조문만 하고 나왔는데 함께 갔던 제자가 그 모습을 의아하게 여기자, 이렇게 대답했다.

> 선생님께서 태어나신 것은 그때를 태어날 때로 정했기 때문이요, 선생님께서 가신 것도 자연의 운행에 마땅히 순응한 것뿐일세. 하늘이 준 시간의 흐름에 따라 자연의 모든 변화에 순종하면서 삶과

죽음을 도외로 내던지면 슬픔이나 기쁨이 우리 가슴에 끼어들 수 없는 걸세. 이를 두고 옛사람들은 하늘로부터 우리 육신이 해방되었다고 일컬어 왔었네. 말하자면 사람이 삶과 죽음의 곤혹에 얽매여 마치 거꾸로 매달려 살고 있는 그런 고통에서 해방된다는 말이거든.

-《장자》, 〈양생주〉 중

이 우화는 자여의 이야기와 비슷한 내용을 담고 있다. 두 우화에서는 우리가 '삶'만을 귀하게 여기고, '죽음'을 멀리하려 하면서 그로 인해 희로애락의 감정에 휩싸이는 모습을 '묶여있다(懸)'고 표현한다.

현실 세계를 살아가고 있는 우리의 마음은 대체로 묶여있다. 그래서 장자는 자연스러운 시간의 흐름, 세상의 근원적 원리인 도에 따라 변화에 순종하면서 삶과 죽음이라는 사건을 도외로 내던질 수 있어야 한다고 설득한다. 그래야만 삶과 늙음과 죽음으로 인한 기쁨과 슬픔으로부터 자유로워질 수 있다. 장자는 이러한 경지를 '현해(懸解)'라고 한다. '꽁꽁 묶인 데서 풀려났다'는 얘기다.

이처럼 현해의 경지는 삶과 죽음이 하나임을 깨달아 도의 안배에 따라 자연스럽게 순응하여 사는 삶의 일종이다. 그리하여 삶에 집착하거나 죽음을 멀리하려는 마음에서 벗어나는 것이다. 그리하여 자신에게 다가온 늙음이나 죽음 앞에서도 그것이 도가 짓고 운행하게 하는 세상의 원리임을 깨달아 담담하게 마주할 수 있는 경지를 말한다.

장자의 입장에서 보면, 사람이 늙고 죽는 사건은 자연에 의한 필연적 사건이라서 피할 수 있는 것이 아니지만, 그것을 그리 슬퍼할 필요가 없다. 오히려 늙음과 죽음을 마주하였을 때, 자연의 흐름으로서 흔쾌히 받아들일 수 있게 된다면 진정한 삶과 죽음에 관한 큰 지혜인 현해의 경지를 획득할 수 있다는 것이다. 또한 이러한 경지에 이르러야만 진정한 '정신의 자유와 만족'에 이를 수 있게 된다는 것이다.

6. 죽음 = 돌아갈 집

사실 삶과 죽음에 대한 현자들의 조언은 대개 노자나 장자의 설과 비슷한 경우가 많다. 오래된 이야기, 흔한 이야기라는 것은 그것이 진리일 가능성이 높다는 말일 수도 있다. 누구나 말할 수 있고, 누구나 알고 있는 것이라면 그 누구나 다 인정한다는 말이 아닐까? 우리는 그 알고 있는 이야기를 실제의 삶에 옮기지도 못하면서 오히려 '뻔한 말'이라며 웃고 넘기는지도 모른다. 삶, 늙음, 죽음에 대한 노자와 장자의 이야기도 어찌 보면 너무나 뻔하지만 그렇게 되는 게 쉽지 않은 경지라서 그저 좋은 말 정도로만 생각하고 지나칠 수도 있다.

그러나 이들의 이야기를 통해 마음가짐을 바꾸고, 또 그로 인해 삶의 태도가 바뀔 수 있다면 이 생각이야말로 그 무엇과도 바꿀 수 없는 지혜가 되지는 않을까? 죽음을 바라보는 눈이 바뀌면 삶의 마음과 태도도 역시 바뀔 테니 말이다.

> 내가 어찌 삶을 탐하는 것이 미혹이 아님을 알겠는가? 내가 어찌 죽음을 두려워하는 것이 마치 어려서부터 고향을 떠나 밖에서 떠돌며 집으로 돌아갈 줄 모르는 것과 마찬가지가 아님을 알겠는가?
>
> -《장자》, 〈제물론〉 중

여기서 장자는 죽음을 사람이 돌아가야 할 집에 비유하고 있다. 현해를 깨달은 경지에서 죽음이 고통스럽고, 두렵고, 슬픈 일이라고 생각하는 것은 마치 아침에 집을 나왔다가 저녁에 돌아갈 줄 모르는 어리석음과 같다는 것이다.

사람이 느끼는 정신적 고통의 대부분은 '옳음과 그름'을 가르려는 장애물에 가려 사물의 근본과 말단을 제대로 보지 못하는 데서 비롯되는 경우가 많다. 이처럼 삶과 죽음에 대해 좋고 싫음을 따져가며 가치를 판단하는 분별 의식은 삶에 대한 집착으로 인해 그것만 붙들고 늘어지는 욕심의 결과라는 말이다. 이러한 시비의 장애물을 이겨내고, 양단의 한쪽만을 향한 집착을 내려놓을 때 진정으로 '자유로운 사람'이 될 수 있다.

사람은 태어나는 순간부터 다양한 본능의 욕망과 사회적인 욕구를 충족시키기 위해 분투하며 살아간다. 그러한 삶의 눈앞에는 생존과 성장만이 놓여있는 것처럼 보인다. 이러한 과정에서 마주하는 각종 힘과 압박과 도전은 당연히 우리의 삶을 한층 업그레이드하는 데 마땅히 필요한 것이라고 간주하고, 그 속에서 보람과 좌절을 느끼면서 삶에 대한 집착을 늘려 나간다.

노자와 장자에게 있어서 삶과 죽음은 자연스러운 도의 흐름이며, 특히 죽음은 삶의 노고 후에 맞이하는 자연스러운 안배다. 그래서 노자와 장자는 죽음을 다소 낙관적인 눈으로 바라보는 측면이 있다. 그렇다고 해서 이들이 힘든 삶 속에서의 극단적인 선택을 옹호하는 것으로 오해하면 안 된다.

이들은 오히려 사람들이 감당하기 어려운 세상사를 만났을 때 대처하는 편안하고 대범한 마음 상태를 요구하고 있다. 이를테면 삶을 긍정적으로 바라보는 시선으로 죽음을 생각하면서 죽음을 배척하려는 경향이 아니라, 생전의 여러 곤란과 고통을 폭로하면서 오히려 죽음의 의미와 가치를 부각해 죽음으로써 삶을 보는 새로운 각도를 제시한다. 그래서 죽음에 대해 이러한 태도를 지닐 수 있다면 생사의 지혜를 통해 정신적인 해방과 자유에 이를 수 있다는 것이다.

7. 깨끗한 종이

삶과 죽음, 그 과정에서 잘 늙어가는 것에 대한 노장의 마음공부는 앞에서 서술한 바 있다. 그렇다면 그들이 얘기하는, 경지에 이르는 마음공부의 방법은 무엇일까? 사실 《노자》와 《장자》에는 많은 가르침이 있지만, 그에 비해 현실적인 차원의 수양법이 구체적으로 드러난 곳은 많지 않다. 아마도 '마치 오리의 다리는 짧고 학의 다리는 긴 것처럼 사람도 저마다 품부한 도의 자연스러운 특성이 조금씩은 달라서 각기 그런 경지에 이르는 방법도 조금씩은 다르기 때문은 아닐까'라고 포장해 본다.

어떤 이는 글을 쓰면서 그런 경지를 깨달을 수 있고, 어떤 이는 음식을 만들면서, 어떤 이는 차를 달이고 마시면서, 심지어 《장자》의 우화 중 포정이라는 백정은 소의 사체를 해체하면서 도를 깨달았다고 하니, 우리가 도를 깨우친다는 것은 별스러운 것이 아니라 자신이 처한 일상에서 충분히 가능한 일이라는 정도로만 이야기해 보자.

이외수 작가의 소설 중《벽오금학도》라는 작품이 있다. 이 소설의 시대적 배경은 1950년대에서 1980년대로, 신선들이 산다는 선계와 현실을 넘나드는 일종의 판타지 소설이다. 등장인물 중 고산묵월(孤山墨月)은 세속과의 인연을 끊고, 깊은 산속에 파묻혀 평생 난초 그림만 그리는 신비로운 노인이다. 이 사람의 그림을 보면 그윽한 난초 향이 느껴지며, 심지어 아픈 사람이 그 난향을 느끼면 병이 낫는다는 이야기가 있을 정도였다고 한다.

노인은 기묘한 인연으로 서울 빈민가에 살던 열 살 남짓의 부랑아 하나를 제자로 맞게 된다. 아이는 세속에 매우 찌들어 있었고, 심지어 자신이 믿고 따르던 두목의 원수를 갚겠다며 품속에 칼까지 지니고 다니던 다소 맹랑한 아이였다.

늙은 스승의 제자가 되어 5년 넘게 아이가 매일 하는 일은 새벽이 되면 맑은 물을 길어오고, 각종 집안일을 하다가 스승이 그림을 그릴 시간이면 하염없이 먹을 가는 일이었다. 아이는 매일 같이 물을 긷고 먹을 갈며 지내면서 세속의 일들은 잊어버리게 된다.

어느 날, 아이는 스승에게 자신도 그림을 그릴 수 있게 해 달라고 조른다. 스승은 몇 가지의 시험을 하게 되는데, 하루는 며칠간 집을 비울 터이니 물 긷는 일과 집안일을 소홀히 하지 말 것을 당부한다. 그리고 깨끗한 종이 한 장을 내어주며 시간 날 때 밖에 나가 돌아다니면서 더럽다고 생각되는 것을 그 종이에 담아오라는 과제를 주고 떠난다.

며칠 후, 스승이 돌아와 제자를 앉혀놓고 종이를 내놓으라 한다. 아이가 내놓은 종이에는 아무것도 들어있지 않았다. 스승은 어린 제자에게 게을렀다며, 호통을 쳤는데 아이에게서 돌아온 대답은 다음과 같았다.

"더러운 것이 하나도 없었어요."

읽은 지 32년이 지났지만, 이 장면은 잊히지 않는다. 한동안 많이 생각했었다. 왜 더러운 것이 없었을까? 산골이다 보니 돌아다니면 짐승의 배변물이라도 더럽고 냄새나는 것들이 많았을 터인데…. 대학에 입학하여 철학을 전공하면서 배운 노자와 장자의 이야기는 소설 속 어린 제자의 마음을 조금이나마 이해하게 했다.

우리는 항상 좋은 것과 나쁜 것이라는 분별 속에서 한쪽으로 편향된 사고를 하고 산다. 그 편향된 사고는 언제나 우리의 이성적 판단을 흐리게 만드는 경우가 너무 많다. 좋은 것은 가지려 하고, 나쁜 것은 어떻게든 피하려 하니 말이다. 그러나 우리가 들어본 노자와 장자의 이야기는 상대적 개념에 대한 분별지를 끊어내고, 붙들고 있는 편견으로부터 나를 놓아야만 정신적인 자유를 누릴 수 있다고 이야기하는 것 같다. 심지어 이러한 연습은 세상의 만물을 나와 다른 타자가 아닌 같은 존재라고 여길 수 있는 경지에까지 이르게 한다고 한다.

장자의 말로는 '물아일체(物我一體)'의 경지이다. 마치 5년간 열심히 물 긷고 먹을 갈며 자신을 '풀어 놓는' 연습 속에서 자신을 둘러싼 온갖 상대적 분별지로부터 자유로워져서 더 이상 더러운 것을 찾아낼 수 없었던 어린 제자처럼 말이다.

이 글을 읽고 있는 여러분에게 지금 깨끗한 종이 한 장과 어린 제자가 부여받은 과제가 똑같이 주어진다면, 현재 여러분의 종이에는 무엇이 담겨 있을까? 보이지 않는 그 종이 한 장을 마음속 깊이 펼쳐두고 하루하루 무엇을 담을지 생각하면서 일상의 숙제로 삼아두면 어떨까? 그렇게 마음속의 분별지를 지워가며 종이에 담을 것이 하나씩 지워지며 마침내 그 종이에 남는 것이 하나도 없게 되는 날이 온다면, 우리도 진정한 현해의 경지를 깨닫고 있는 것은 아닐까? 또 그것이 웰에이징의 과정이 되지는 않을까?

저자 소개

최신한

- 독일 튀빙겐대학교 철학박사
- 한남대학교 명예교수
- 《독백의 철학에서 대화의 철학으로》, 《지평 확대의 철학》, 《현대의 종교 담론과 종교철학의 변형》

김진식

- 서울대학교 서양고전학 협동과정 문학박사
- 정암학당 연구원, 연세대, 카이스트 강사
- 《희랍문학사》, 오비디우스의 《변신 이야기》, 에라스뮈스의 《격언집》, 《우신예찬》

공병혜

- 독일 하이델베르크대학교 철학박사
- 조선대학교 의과대학 간호학과 명예교수
- 《삶과 죽음》, 《탄생철학과 생명윤리》, 《돌봄의 철학과 미학적 실천》

김수배

– 독일 트리어대학교 철학박사

– 충남대학교 철학과 교수

– 《칸트 인간학의 성립과 그것이 볼프 학파의 경험 심리학과 가지는 관계》, 《호소의 철학-칸트와 호모 히스토리쿠스》, 《철학상담의 이론과 실제》(번역)

이관표

– 독일 드레스덴대학교 철학박사

– 한세대학교 교양학부/자유전공학부 교수

– 《현대의 철학적 신학》, 《하이데거와 부정성의 신학》, 《신학과 과학의 대화》(공저)

김선희

– 서강대학교 철학박사

– 이화여자대학교 철학과 초빙교수 역임

– 《철학상담: 나의 가치를 찾아가는 대화》, 《철학상담 방법론: 철학적 사고실험과 자기치유》, 《인공지능, 마음을 묻다》

안종수

- 독일 콘스탄츠대학교 철학박사
- 인제대학교 명예교수
- 《동양철학의 흐름》, 《한국철학사상의 이해》,
  《동양철학과 서양철학자의 만남》

김경미

- 독일 하이델베르크대학교 서양미술사 철학박사
- 계명대학교 Tabula Rasa College 교수
- 《미술과 문화》, 《위대한 유산 페르시아》,
  《르네상스 미술의 이해》

이기호

- 한남대학교 철학박사
- 중부대학교 학생성장교양학부 교수
- "先秦儒家에 있어서 王道思想의 淵源에 관한 研究",
  "동양사상의 전통 '악론(樂論)'에 관한 연구",
  《고전읽기와 토론》(공저)

내 생의 가장 아름다운 완성

나이 듦과 웰에이징에 관한 9인 교수들의 행복 예찬

발행일 | 2025년 3월 26일 초판 1쇄
지은이 | 최신한, 김진식, 공병혜, 김수배, 이관표,
김선희, 안종수, 김경미, 이기호
펴낸이 | 장영훈
펴낸곳 | (주)이츠북스
편집 | 고은경, 김영경
마케팅 | 남선희, 김희경
디자인 | 디자인글앤그림

출판등록 | 2015년 4월 2일 제2021-000111호
주소 | 서울특별시 강서구 화곡로 416, 1715~1720호
대표전화 | 02-6951-4603
팩스 | 02-3143-2743
이메일 | 4un0-pub@naver.com

홈페이지 | www.4un0-pub.co.kr
SNS 주소 | 페이스북 www.facebook.com/saungonggam
인스타그램 www.instagram.com/saungonggam_pub
블로그 blog.naver.com/4un0-pub

ISBN | 979-11-94531-07-4 (03040)